墨香财经学术文库

U0656624

集中通勤接送服务的车次分配与调度方法研究

Research on Method of Vehicle Allocation and Schedule Problems for Delivery Service to Centralized Commute

董纪阳 著

东北财经大学出版社
Dongbei University of Finance & Economics Press

大连

图书在版编目（CIP）数据

集中通勤接送服务的车次分配与调度方法研究 / 董纪阳著. 一大连：东北财经大学出版社，2024.4

（墨香财经学术文库）

ISBN 978-7-5654-5186-7

Ⅰ.集… Ⅱ.董… Ⅲ.客车－车辆调度－研究 Ⅳ.U491

中国国家版本馆CIP数据核字（2024）第056389号

东北财经大学出版社出版发行

大连市黑石礁尖山街217号 邮政编码 116025

网 址：http://www.dufep.cn

读者信箱：dufep@dufe.edu.cn

大连永盛印业有限公司印刷

幅面尺寸：170mm×240mm 字数：133千字 印张：9.25 插页：1

2024年4月第1版 2024年4月第1次印刷

责任编辑：时 博 责任校对：刘贤恩

封面设计：原 皓 版式设计：原 皓

定价：56.00元

本书由"东北财经大学学术专著出版资助"资助出版

前言

　　集中通勤是指机关、企事业单位将员工通勤外包给通勤汽车服务公司，由通勤汽车服务公司统一调配车辆接送各单位的员工，一般是提供从员工家门口到单位门口的"门对门"服务。单位定制集中通勤接送服务，一方面可以节约成本，例如节省了购买车辆、雇用司机和养护车辆等费用；另一方面也有利于城市的和谐与可持续发展，符合"低碳经济"的要求，具有减少能源消耗、保护城市环境的作用。

　　为适应现代交通运输业"安全、快捷、舒适、经济"的要求，通勤汽车服务公司都在关注如何提高服务质量来吸引更多客户。以优质服务建立良好信誉，得到客户的信赖和认可是通勤汽车服务公司的重要目标。为了吸引客户，一些公司的车辆配备了电视、音响设备，同时不断提高驾驶员素质，使乘客享受到舒心的服务，并确保乘客的安全。不过，上述业务在提高竞争力的同时，也增加了通勤服务的运营成本。因此，在提高服务质量的同时，能否有效地降低运营成本成为该业务能否成功实施的决定性因素。要节约运营成本，一个最直接、最有效的途径就是优化行车路径，制定合理的车辆调度安排，这已成为通勤汽车服务公司管理者最重要的优化目标之一。

本书将集中通勤接送服务描述为一种车次分配与调度问题。它是以通勤汽车服务公司为主体、以签约单位员工为配送对象的一种交通运作模式与理念，是运作管理领域一种典型的优化问题。该问题可归结为经典车辆路径与调度问题的拓展问题但更为复杂，这种复杂性主要体现在以下四个方面：（1）车辆具有动态的多目标抵达地；（2）多车协作；（3）多行程车次；（4）问题的大规模性。要解决该问题已经不能仅依赖于原有的研究，上述问题对求解提出了更高的要求，迫切需要从管理角度以优化的视角审视集中通勤接送服务的车次分配与调度。本书在对集中通勤接送服务进行深入分析的基础上，研究了基于最小化成本的车次分配与调度模型中若干个重要的优化问题。研究的主要成果及核心内容包括以下三个部分：

（1）独立多行程车次下集中通勤接送服务车次分配与调度问题研究。

针对独立车次下集中通勤接送服务，构建以最小化成本为目标的车次分配与调度问题的0-1整数规划模型，并开发一种基于动态特征点的启发式算法求解模型。实验结果表明，本书设计的模型和算法具有可行性和有效性。

（2）联合多行程车次下集中通勤接送服务车次分配与调度问题研究。

针对联合车次下集中通勤接送服务，构建以最小化成本为目标的车次分配与调度问题的0-1整数规划模型，模型刻画了动态多目标抵达地、多车协作、多行程车次等特征事实，同时本书开发了一种基于特征点的节约-遗传混合启发式算法求解该模型。实验结果证明，本书设计的模型和算法具有可行性和有效性。

（3）给定顾客满意度下集中通勤接送服务车次分配与调度问题研究。

在最小化运行成本研究的基础上，进一步考虑客户视角。设计客户点i在满意度α下的时间窗计算公式，基于此构建给定顾客满意度的车次分配与调度模型，通过设定满意度可获得不同满意度下车辆调度方案。根据问题特点，设计开发了一种基于 kNN 思想的启发式算法——类标签算法求解模型。实验结果证明，本书设计的模型和算法具有可行性和有效性。

本书问题来源于实际需求，从集中通勤接送服务实践的调研和观测中提炼出科学问题，是理论联系实际的一次问题创新。研究不仅为管理者提供了科学决策支持，同时丰富和发展了车辆路径问题的模型和求解方法，有助于求解相关的复杂组合优化问题，有利于理解和研究车辆路径问题及其衍生问题。

董纪阳

2023 年 9 月于大连

目录

1 绪论

1.1 研究背景与问题提出

1.1.1 研究背景

（1）就业规模不断扩大，就业形势长期稳定

新中国成立以来，我国就业规模不断扩大，就业总量从 1949 年的
1.8 亿人增加到 2019 年的 7.7 亿人，70 年间扩大了近 3.3 倍，其中城镇就
业人口达到 4.4 亿人，比 1949 年增加了 27.9 倍。改革开放促进我国就业
规模急剧扩大。1978 年我国城乡就业人员共计 4 亿人，其中城镇就业人
口仅 0.9 亿人。截至 2019 年末，就业人员总量比 1978 年增加 3.7 亿人，
增长了 93%，平均每年增长 2.3%。城镇就业人员总量比 1978 年增加 3.5
亿人，增长了 365%，平均每年增长 8.9%。这表明改革开放所取得的成
果非常显著。党的十八大以来，以习近平同志为核心的党中央实施就业
优先政策，深化就业创业体制机制改革，不断强化各方面重视就业、支

持就业的导向，实现经济发展与扩大就业良性互动，在推动高质量发展中创造更多高质量就业机会，就业形势长期稳定，就业条件不断提升。

（2）就业总量持续增长对上下班交通运输提出了更高要求

在我国就业规模不断扩大、就业形势长期稳定的同时也对通勤交通运输管理水平提出了更高的要求。2021年2月，中共中央、国务院印发了《国家综合立体交通网规划纲要》。纲要指出，到2035年，基本建成便捷顺畅、经济高效、绿色集约、智能先进、安全可靠的现代化高质量国家综合立体交通网，实现国际国内互联互通、全国主要城市立体畅达、县级节点有效覆盖，有力支撑"全国123出行交通圈"。围绕便捷顺畅（提高1小时内快速交通服务人数的占比）、经济高效、绿色集约、智能先进、安全可靠5个主要指标，到21世纪中叶，全面建成现代化高质量国家综合立体交通网，拥有世界一流的交通基础设施体系。交通运输供需有效平衡、服务优质均等、安全有力保障。新技术广泛应用，实现数字化、网络化、智能化、绿色化。出行安全便捷舒适，物流高效经济可靠，实现"人享其行、物优其流"，全面建成交通强国，为全面建成社会主义现代化强国发挥先行作用。

近年来，我国交通运输业取得了举世瞩目的成就，但距2035年的目标仍有一些可提高和完善的空间，特别是在通勤方面，改进潜力极大。中国城市规划设计研究院2020年12月发布的《全国主要城市通勤时耗监测报告》显示，全国主要城市通勤人口的单程平均时耗36分钟，其中，超大城市平均通勤时耗41分钟，特大城市37分钟，Ⅰ、Ⅱ型大城市分别为34分钟、33分钟，见表1-1。

表1-1　　　　　　　　**全国主要城市通勤时耗**

城市规模	研究城市	平均通勤距离（千米）	平均通勤时间（分钟）
超大城市 41分钟 9.3千米	深圳市	8.1	36
	广州市	8.7	38
	上海市	9.1	42
	北京市	11.3	47

续表

城市规模	研究城市	平均通勤距离（千米）	平均通勤时间（分钟）
特大城市 37分钟 8.4千米	西安市	8.3	35
	沈阳市	7.4	35
	郑州市	8.3	35
	杭州市	7.4	35
	武汉市	8.2	38
	南京市	8.5	39
	青岛市	9.1	39
	天津市	8.5	39
	成都市	9.1	39
	重庆市	9.1	40
I型大城市 34分钟 7.4千米	太原市	7.0	31
	昆明市	7.5	33
	厦门市	7.1	33
	乌鲁木齐市	7.0	34
	长沙市	8.5	34
	济南市	8.0	34
	哈尔滨市	7.2	35
	合肥市	7.2	35
	长春市	7.5	35
	大连市	7.3	37
II型大城市 33分钟 7.4千米	海口市	7.0	29
	呼和浩特市	6.3	32
	南宁市	6.8	32
	宁波市	6.6	32

续表

城市规模	研究城市	平均通勤距离（千米）	平均通勤时间（分钟）
Ⅱ型大城市 33分钟 7.4千米	福州市	6.9	33
	兰州市	7.5	33
	银川市	8.5	33
	南昌市	7.0	33
	贵阳市	7.7	33
	石家庄市	8.3	33
	西宁市	9.0	34
Ⅰ型小城市	拉萨市	6.0	28

通常将大于60分钟的通勤时长定义为极端通勤，报告称在36个全国重点城市中共有超过1 000万人的通勤时间大于60分钟，见表1-2。

表 1-2　　全国主要城市大于60分钟通勤比重

城市规模	研究城市	大于60分钟通勤比重（%）	
超大城市 18%	深圳市	13	13
	广州市	14	14
	上海市	19	19
	北京市	26	26
特大城市 13%	西安市	10	10
	沈阳市	10	10
	郑州市	11	11
	杭州市	12	12
	武汉市	14	14
	青岛市	15	15
	天津市	15	15
	成都市	15	15

续表

城市规模	研究城市	大于60分钟通勤比重（%）	
特大城市 13%	南京市	15	15
	重庆市	16	16
I型大城市 9%	太原市	6	6
	乌鲁木齐市	8	8
	昆明市	8	8
	长沙市	9	9
	长春市	9	9
	哈尔滨市	10	10
	厦门市	10	10
	济南市	10	10
	合肥市	10	10
	大连市	12	12
II型大城市 8%	海口市	5	5
	呼和浩特市	6	6
	南宁市	6	6
	南昌市	8	8
	银川市	8	8
	福州市	8	8
	宁波市	8	8
	石家庄市	9	9
	兰州市	9	9
	贵阳市	9	9
	西安市	10	10
I型小城市	拉萨市	4	4

（3）以顾客需求为中心的服务模式给通勤服务带来新的挑战

随着国民经济的发展，服务业也正在向以顾客为中心的服务模式转型。如何能以顾客为中心开展各项服务工作，在平凡的服务中做出特色，有效地吸引和保留顾客，是各家公司管理层一直关注的主要问题。对于服务行业来讲，顾客是企业最重要的资源。在当今激烈竞争的市场环境中，能否了解顾客的实际需求，并提供量身定制的个性化服务，已成为决定服务型企业成功与否的关键因素。顾客需求的改变已对服务型企业传统的服务方式造成了压力。原有的业务模式受时间和地点的限制，把市场视为群体市场，企业希望将最好的资源用来向优质顾客提供最好的服务，依据对顾客需求与行为的理解和预测以及对顾客群体的划分来设计产品和服务，并通过适当的渠道，在适当的时间，把适当的产品推荐给适当的顾客。这样的产品与服务具有一定的普遍性，而今天的消费者已经不满足于原有的服务模式，他们要求企业对其提供"个性化"服务，而且希望能在任何地点、任何时间提供服务。因此，服务型企业应提供针对顾客偏好、行为和需求的服务，以增强竞争力，吸引和保留顾客。

通勤汽车服务公司是一类典型的服务型企业，其主要业务是为企业员工通勤提供车辆接送服务，并提供其他相关附加服务。随着国民经济的发展和生活水平的不断提高，人们生活节奏加快、时间价值观念越来越强，人们对通勤服务品质的要求也越来越高。"安全、快捷、舒适、经济"已成为衡量交通运输各行业适应社会要求的重要指标。为了迎合现代社会的要求，通勤汽车服务公司都在关注如何提高服务质量来吸引更多的顾客。为了吸引顾客，一些公司的车辆配备了电视、音响等在途娱乐设备，同时严格把控驾驶员素质，使乘客得到舒心的服务，并确保乘客的安全。然而，通勤汽车服务公司在提高竞争力的同时，也增加了通勤服务的运营成本。因此，在提高服务质量的同时，能否有效地降低运营成本成为该业务能否成功实施的决定性因素。

1.1.2　集中通勤车次分配与调度问题

（1）集中通勤接送服务的基本流程

集中通勤是指企事业单位以外包的方式来解决职工通勤问题。通过向通勤汽车服务公司订车，由通勤汽车服务公司统一调配车辆为各单位的员工提供接送服务。这种服务一般是从通勤职工家门口到单位门口的"门对门"运输。近年来，越来越多的企事业单位采用集中通勤的方式解决员工的通勤问题。单位定制集中通勤接送服务，一方面可以节约成本（如节省了购买车辆的费用、雇用司机的费用、养护车辆的费用），另一方面有利于城市的和谐与可持续发展，符合"低碳经济"的要求，具有减少能源消耗、保护城市环境的作用。

在该服务的运作过程中，各签约单位提前一段时间在通勤汽车服务公司预约，可以通过网络、电话或者直接到柜台办理。顾客的所有基本信息（包括姓名、联系方式、地理位置、日期、时间等）和签约单位的基本信息将被记录下来。通勤汽车服务公司可能需要每天接送不同数量、地理位置和时间要求的顾客，本书以一个计划期内（某天）的接送服务过程为研究对象。通常情况下，接送地点一般是由顾客指定，但有时顾客指定的地点对于司机来说并不是很容易找到或者该地点不允许停车，在这些情况下，通勤汽车服务公司就需要与签约单位和顾客进行协商以确定接送地点。其中，顾客对时间的需求一般可以分为两个方面：一方面是车辆到达客户点的时间，另一方面是车辆到达签约单位的时间。通常，顾客需要提前20分钟~30分钟到达签约单位，但不同的签约单位可能具有不同的到达时间需求。那么，通勤汽车服务公司就可以据此来推算出顾客希望到达签约单位的时间。当然，如果有特殊要求的话，顾客也可以指定到达签约单位的时间。

之后就需要对负责集中通勤接送服务的车辆进行统一的安排和调度。具体而言，通勤汽车服务公司首先收集在一个计划周期内的基本服务信息，包括：客户点的地理位置、数量，每个客户点的人数，各签约单位的地理位置、时间窗要求，可用车辆的数目、容量等。然后根据获得的信息，对所用车辆的车型、数量，每个车次的发车时间、行走路径、需要接送的顾客以及接送这些顾客的时间、接送次序，到达每个签约单位点的时间、次序给出明确的安排。最后通知顾客接送时间，并收集反馈信息，通过合理优化车辆路径以达到降低运输成本和提高服务质量的目的。其服务的基本业务流程如图1-1所示。

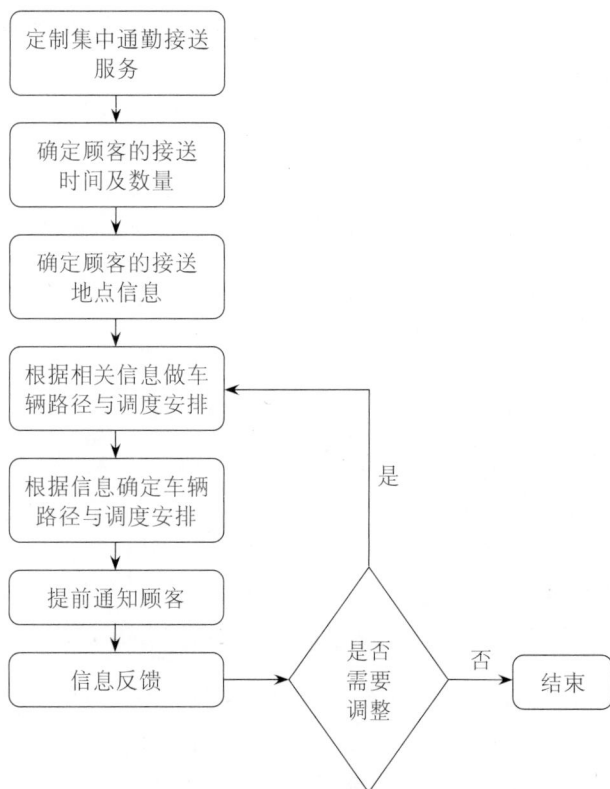

```
┌──────────────┐
│ 定制集中通勤接送 │
│      服务      │
└──────┬───────┘
       ↓
┌──────────────┐
│ 确定顾客的接送   │
│   时间及数量    │
└──────┬───────┘
       ↓
┌──────────────┐
│ 确定顾客的接送   │
│   地点信息      │
└──────┬───────┘
       ↓
┌──────────────┐          是
│ 根据相关信息做车 │←──────────┐
│ 辆路径与调度安排 │           │
└──────┬───────┘           │
       ↓                    │
┌──────────────┐           │
│ 根据信息确定车辆 │           │
│ 路径与调度安排   │           │
└──────┬───────┘           │
       ↓                    │
┌──────────────┐           │
│  提前通知顾客   │           │
└──────┬───────┘           │
       ↓                  ◇是否◇
┌──────────────┐         ◇需要◇  否   ┌──────┐
│   信息反馈     │───────→ ◇调整◇ ────→│ 结束 │
└──────────────┘         ◇    ◇       └──────┘
```

图1-1 集中通勤接送服务基本业务流程

（2）集中通勤车次分配与调度问题的特点

从上述分析可以得知，在集中通勤接送服务中，最重要的部分在于根据顾客对接送服务的要求作出车次分配与调度安排。然而，目前通勤汽车服务公司对车辆接送服务的管理普遍比较落后。在客流的跟踪方面几乎处于束手无策的状态。与之相配套的管理设备都比较陈旧，与国外以机电一体化、无纸化为特征的自动化、现代化配送相比差距很大。在制订车辆路径和调度计划时，通勤汽车服务公司还在采用以人的经验制定的形式，这需要消耗大量的人力、物力，且工作效率很低。这种单纯以人的经验来制定调度计划的方式已经逐渐不能满足现代社会的要求，对于公司调度员来说，要设计出既能使顾客满意又能使公司的运营成本尽量低的调度计划是十分困难的。那么在此种情况下，公司就需要用有效的方法来作出合理并且经济的调度计划安排。

目前，许多学者已经建立了单位通勤车路径优化模型，并采用优化算法对通勤车运行路径进行了优化研究。然而，大部分研究只考虑一个单位的通勤问题，即只接送本单位的员工，而不是本书研究的集中通勤模式下的路径优化问题，大部分研究没有建立起集中通勤的概念。二者有着本质的区别，前者属于经典的车辆路径与调度问题（Vehicle Routing and Scheduling Problem，VRSP），是以某个单位为主体，对本单位的人员提供通勤服务，一般不是以营利为目的。而集中通勤是以通勤汽车服务公司为主体，对所有签约单位的通勤人员提供服务，以盈利为主要目的，是公司管理层关注的重要问题，所涉及的问题和模型与经典的车辆路径与调度问题有着本质的不同，且更为复杂，是经典的车辆路径与调度问题的一种拓展，是运作管理领域典型的优化问题的推广。通勤汽车服务公司既要提高服务质量，又要降低运营成本，在激烈的市场竞争下，如何通过运输路径的优化实现节约成本、提高顾客满意度、节能减排，不仅是通勤汽车服务公司和各大企事业单位的需要，也是改善出行交通环境、优化交通结构、保护城市环境的重要举措，这已经成为管理者一个最为重要的优化目标。为了不断提高通勤汽车服务公司的服务水平，使其与国际一流水平接轨，本书重点关注集中通勤接送服务的车次分配与调度方法研究。用科学决策的理论和方法来解决管理者在实际中遇到的问题，有效地减少配送里程和工作时间，彻底转变人工排程的传统作业方式，帮助管理者提高管理效率和效益。以智能管理来解决烦琐而复杂的问题，提高了决策质量，减少了决策时间，增强了决策的灵活性和应变能力。

基于以上描述，集中通勤模式下的路径优化问题是车次分配与调度问题的一个拓展问题，有别于传统的通勤运输问题，它是以通勤汽车服务公司为主体，以签约单位员工为配送对象的一种新型交通运作模式与理念，比传统的车次分配与调度问题更为复杂，这种复杂性主要体现在以下四个方面：

①车辆具有动态的多签约单位点

传统车次分配与调度问题的基本流程是：车辆起于车场中心，接到顾客，将顾客送往目的地，直接返回车场。这个过程中当车辆接到顾客后，其签约单位点只有一个，即车上顾客的工作单位。而集中通勤接送服务过程中，由于通勤汽车服务公司要对所有签约单位的员工进行接送，车上的顾客可能来自不同的单位，因此车辆具有众多的签约单位点，且在接送顾客的过程中签约单位点不是预先确定的，是随时变化的。

②多车协作

目前对车辆调度问题的研究多集中于非协作的车辆路径问题，如Ribeiroa（2012）等提出了用大规模邻域查询的启发式方法去求解积累VRP；唐加福等（2008）提出了免费接送机场服务的多目标规划模型及算法。而在集中通勤接送服务中车辆是需要协作的，因为某个单位的通勤人员通常不是由某一部车辆专门进行接送，而是由多个车辆共同协作来完成对该单位通勤人员的接送。许争争和唐加福（2013）给出了基于交汇点协作的车辆调度问题的两阶段算法；刘兴（2006）对基于协作的车辆路径问题进行了深入的研究，其协作模式是多个车辆以某个客户点为对象进行协作接送。但与这些学者研究的协作模式不同，集中通勤接送服务的协作方式是以某个单位下的多个客户点为对象人为进行协作接送，所以具有不同的数学模型，其协作方式和客户点的选择都具有较大的灵活性。

③多行程车次

目前绝大部分关于车辆路径问题的研究都是仅为车辆设计一条路径，即车辆从公司出发，接到要服务的顾客，然后返回公司的单个行程。然而在集中通勤接送服务中车辆路径不是单一的行程，是多条连续的行程。孔媛（2010）对免费接送机场服务的多行程车次分配与调度问题进行了建模与求解，其所研究的多行程是指车辆在到达机场后完成一次接送，此时车上已无顾客，不返回车场中心，而直接进行下一个运输任务去接送其他的顾客，即研究中间无返回的多行程车次分配与调度。但集中通勤模式下车辆在完成某些客户点的接送服务后，此时车上通常还有顾客，不返回公司，进行下一个运输任务去接送其他的顾客，这就需要考虑到剩余客户点与车上已有顾客之间的相互影响，情况的复杂性远远高于前者。

④问题的大规模性

集中通勤车次分配与调度问题可以归结为经典的带时间窗的车辆路径问题（VRSP with Time Windows，VRSPTW）的拓展问题且更为复杂。VRSP 是 NP-hard 问题，加之本书研究问题的大规模性（通过调研，每次集中通勤接送服务的顾客通常都在 1 000 人以上），使其很难直接使用规划软件求解，即使获得了可行解，通常也会消耗大量的时间，无法满足实时性的要求。而现有求解 VRSP 的启发式算法也已经不适用于该问题的求解，需要根据该问题的特点设计新的启发式算法。

上述特点是本书构建集中车次分配与调度问题模型和算法的基础。图 1-2 和图 1-3 说明了相比于传统的车次分配与调度问题，集中通勤模式下车次分配与调度的复杂性，其中图中虚线箭头代表车辆从通勤汽车服务公司出发的起始路径。

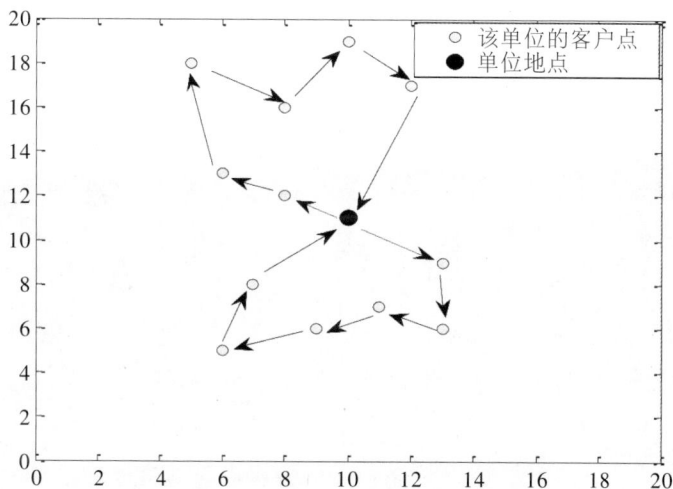

图 1-2　传统通勤中的车辆路径示意图

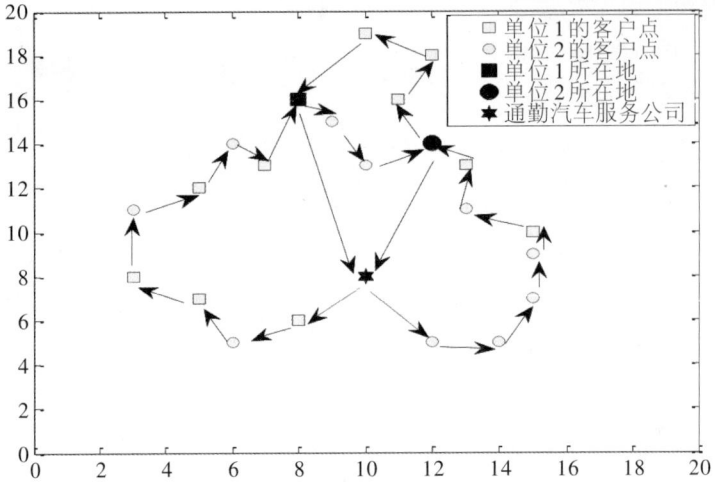

图 1-3　集中通勤模式下的车辆路径示意图

图 1-2 是某单位两部车辆进行通勤服务的路径图，车辆从该单位出发，接送该单位的顾客，然后回到该单位。图 1-3 是通勤汽车服务公司的两部车辆对两个签约单位的顾客进行通勤服务的路径图，从图 1-3 中可以看出：每部车辆的路径都涉及两个不同签约单位点；车辆所搭载的顾客不是来自同一个单位，而是由两部车辆共同去完成对单位 1 和单位 2 顾客的接送服务，即通过多车协作的方式完成服务；车辆在到达某一个签约单位点后，没有返回公司，而是继续进行下一个任务的服务，即车辆的路径是多行程的。这只是两个签约单位使用两部车辆的情况，当签约单位和所用车辆增加时，其车辆路径将是极其复杂的。

基于以上分析，集中通勤模式下的路径优化模型是多个经典车次分配与调度模型的有机融合，是对经典车次分配与调度模型的拓展和推广，对运作管理领域中的优化问题研究有着积极的贡献。

（3）集中通勤车次分配与调度问题的关键优化问题

在实施集中通勤接送服务的过程中，涉及准备出行的顾客和通勤汽车服务公司。其中顾客所关心的主要问题是能否在要求的时间范围被送到目标单位，通勤汽车服务公司关心的是成本问题，其中包括车辆的运输成本以及车辆的固定发车成本。如何能够准时到达指定地点接送员工上下班的同时有效地降低运行成本就成为该业务能否成功实施的决定因素，而要节约运行成本，一个最直接、最有效的途径就是优化行车路径、制定合理的车辆调度安排，以尽可能低的运行成本来获取更高的服务质量。因此，优化行车路径、制定合理的车辆调度安排已成为公司经营管理最重要的优化目标之一。本书以顾客和通勤汽车服务公司为主要考虑的对象，主要的研究目标是在一定的顾客满意度下使运行成本最低。

本书所研究的集中通勤问题的车次分配与调度问题属于 VRSPTW，是多种经典车次分配与调度问题模型的有机融合且更为复杂。要解决集中通勤模式下的车次分配与调度问题，已经不能单单依赖原有的研究，该问题具有车辆动态多签约单位点、多车协作、多行程车次和问题大规模性的特点，对研究提出了更高的要求，迫切需要从管理角度以优化的视角审视集中通勤接送服务中车次分配与调度问题。

1.2 研究意义

（1）理论意义

集中通勤接送服务源于 VRP 在实际中的广泛应用，本书通过对通勤汽车服务公司的调研，了解其运营管理中的实际需求，提出了集中通勤接送服务中车次分配与调度问题研究。

将理论与实际需求相结合，从集中通勤接送服务的实践中提炼出科学问题，是一种重要的问题创新方式。集中通勤模式下车次分配与调度问题是多种经典车辆路径与调度问题模型的有机融合且更为复杂，是很多复杂优化问题的有机组合体。要解决该问题已经不能仅依赖于原有的车辆路径与调度问题（VRSP）研究，对相关理论和算法提出了更高的要求，迫切需要对其进行系统、深入的研究。通过对该问题的研究，不仅能有效求解相关复杂的组合优化问题、有助于理解和研究车辆路径问题及其衍生问题，还能够在理论上丰富和推动车辆路径问题的研究。

（2）实践意义

本研究为集中通勤接送服务提供决策模型和算法，旨在帮助通勤汽车服务公司解决集中通勤接送服务过程中的车次分配与调度问题。

调研中发现，目前通勤汽车服务公司对车辆接送服务的管理相对滞后。在客流跟踪方面几乎没有有效的解决方案，而配套的管理设备也显得陈旧，与国外以机电一体化、无纸化为特点的自动化、现代化配送相比，存在明显差距。在制定车辆路径和调度计划时，仍然依赖人工经验，这不仅消耗大量人力物力，而且效率低下。更重要的是，仅仅依靠人工经验制定的调度计划已不再适应现代社会的要求。为了提高通勤汽车服务公司的服务水平并与国际一流企业接轨，本书对集中通勤接送服务过程中的车次分配和调度问题进行了深入、系统的研究，以帮助企业管理者优化路径和排程计划，有效减少配送里程和工作时间，并彻底改变传统的人工排程方式。通过运用科学的决策理论和方法解决实际问题，本书旨在提高管理者的效率和效益。采用智能管理方式解决烦琐而复杂的问题，可以提高决策质量，减少决策时间，并增强决策的灵活性和应变能力。

（3）社会效益

如果通勤汽车服务公司能够通过智能化的管理提供高效、安全的服务，使得通勤职工获得从家门口到单位门口的便捷运输；能合理优化车辆运行线路和时间，使通勤职工用最少的时间、走最短的路程，甚至在绿色通道的支持下比自驾车上下班还要节省时间；提高服务质量的同时有效地降低成本，使得通勤费用保持在合理的价格水平，就会有越来越多原为自驾车的职工加入到集中通勤的接送服务中来，从而提高通勤汽车服务公司的效益和市场竞争力。并且这种出行方式的改变所带来的减排量是十分巨大的。据公安部交通管理局 2021 年 6 月统计，近年来我国机动车和驾驶人数量迅猛增长。截至 2021 年 6 月，全国机动车保有量达 3.84 亿辆，其中汽车 2.92 亿辆。全国汽车保有量超过 100 万辆的城市共有 72 个，超过 200 万辆的城市共有 33 个，超过 300 万辆的城市共有 16 个。北京汽车保有量超过 600 万辆，成都、重庆汽车保有量超过 500 万辆，苏州、上海、郑州汽车保有量超过 400 万辆。其中北京拥有汽车总量 657 万辆，其中私人汽车 507.9 万辆。假设北京市有 50% 的私家车主为自驾车通勤职工，而这些职工有 50% 转为通过集中通勤的方式出行，则可以减少出行车辆 507.9×50%×50%=127（万辆）。欧洲环境署

（EEA）数据显示，2020年欧洲新注册汽车的平均二氧化碳排放量为0.1067千克/千米，按此标准以每车每天往返50千米计算，每辆车每天排放碳量约$0.1067×50=5.34$（千克）。如果乘坐45座的巴士车通勤，每50千米大约平均消耗柴油17.5升，约排放二氧化碳47千克（每升10号柴油排放二氧化碳2.6765千克），即每天人均碳排放量仅为$47÷45=1.04$（千克），则每年可减少排放量为$127×（5.34-1.04）×1$（以251个工作日计算）$=137.07$（万吨）。由此带来的年减排量是很可观的，通常认为一亩地阔叶林生长期间，一天吸收二氧化碳约为66千克，减排量相当于多种植林木数：$1\ 370\ 700\ 000÷（66×365）=56\ 899$（亩）。以一亩地种植120棵树计算，减排量相当于多种了682.8万棵树。

集中通勤是社会工业化发展、科技进步、社会和谐发展和人类文明的集中表现之一。随着交通技术的进步，国家政策支持，交通部门、通勤汽车服务公司、各级政府的共同协作，为通勤车辆开绿灯，设置专用道路，将会使越来越多的企事业单位定制集中通勤接送服务。从长远看，集中通勤作为一种重要的公共交通形式，如星星之火，可以燎原。集中通勤也将日臻成熟，作为公共交通工具的补充，为城市的交通运输、环境保护与经济发展作出不可估量的贡献。

1.3 研究目标与内容

本书系统地研究了集中通勤接送服务的车次分配与调度这一实际问题。在调研通勤汽车服务公司业务和总结及分析一般车辆路径问题的基础上，从实际运营中提炼科学问题，综合运用现代优化理论与方法、人工智能算法、启发式算法，结合计算机技术，深入细致地分析了集中通勤接送服务的特点，考虑顾客满意度对服务运作成本的影响，针对不同环境下集中通勤接送服务业务流程中的车次分配与调度问题，分别构建了以最小化成本为目标的0-1整数规划模型，并开发相应的启发式算法求解模型。通过计算实验与结果分析解释模型的理论和实际意义，为通勤汽车服务公司实施集中通勤接送服务提供决策模型和方法，帮助管理者解决集中通勤接送服务中的车次分配与调度问题。

本书的主要研究内容如下：

（1）调研集中通勤接送服务实践及管理现状，提炼科学问题。

对物流配送中的车辆路径问题进行了文献查阅、归纳和系统性地综述；对通勤汽车服务公司实施的集中通勤接送服务的管理现状开展调研，了解企业在实际运营管理中遇到的困难和技术需要，从中提炼科学问题，确定研究方向和内容。

（2）研究独立多行程车次下集中通勤接送服务的车次分配与调度问题。

针对独立多行程车次下集中通勤接送服务，建立了车次分配与调度问题的0-1整数规划模型，并开发了一种基于动态特征点的启发式算法求解该模型。通过计算实验结果说明设计的模型和算法是可行的、有效的。

（3）研究联合多行程车次下集中通勤接送服务的车次分配与调度问题。

针对联合车次下集中通勤接送服务，构建了以最小化成本为目标的车次分配与调度问题的0-1整数规划模型，模型刻画了该问题所具有的多目标抵达地、多车协作、多行程车次等特征事实，同时本书开发了一种基于特征点的节约-遗传混合启发式算法求解该模型。通过计算实验说明本书设计模型和算法的可行性和有效性。

（4）在最小化运行成本模型的基础上，考虑顾客满意度对运行成本的影响，研究给定顾客满意度下集中通勤接送服务的车次分配与调度问题。

根据问题特点，本研究设计了顾客满意度函数，并基于该函数构建了车次分配与调度模型，以满足给定顾客满意度的要求。通过设定不同的满意度水平，可以获得相应的车辆调度方案。为了解决这一问题，本书设计并开发了一种基于kNN思想的启发式算法——类标签算法，用于求解模型。通过实证计算，验证了本书设计的模型和算法的可行性和有效性。

1.4 研究的技术路线与方法

本书对问题的研究循序渐进地进行，从集中通勤接送服务中涉及因素相对较少的单个功能开始，逐渐考虑加入新功能下的决策方法，研究其在新环境下的协调与同步。对每个问题采用定性描述、定量分析的方法，按照问题描述-构建模型-算法设计-计算实验与结果分析的思路进行。

首先在大量查阅国内外相关文献的基础上，对物流配送中车辆路径优化问题、模型、算法和应用以及给定路径的车辆调度问题和应用进行深入的总结和综述。通过对多家通勤汽车服务公司开展调研，了解企业在实际中遇到的困难问题，总结集中通勤接送服务的流程和特点，进而提炼科学问题，确定了以下三个研究问题：

（1）独立多行程车次下车次分配与调度问题；

（2）联合多行程车次下车次分配与调度问题；

（3）给定顾客满意度下车次分配与调度问题。

前两个问题是基于通勤汽车服务公司的视角，以最小化运行成本为目标，按照研究越来越贴近实际、逐渐放宽约束条件的研究思路：首先研究了独立多行程车次下集中通勤接送服务的车次分配与调度问题。其中假设车次路径由多个子路径构成，每个子路径的服务只有一个签约单位点，且只接送该签约单位点的顾客，车上不可以同时具有不同签约单位点的顾客，当把顾客送到其签约单位点后，车辆不返回发车点，继续进行其他子路径的服务。接着，放宽约束条件，研究了联合多行程车次下集中通勤接送服务的车次分配与调度问题，允许车上可以同时具有不同签约单位点的顾客，当把顾客送到某一签约单位点后，车辆不返回发车点，继续进行其他签约单位点的接送服务。最后一个问题是在前面以通勤汽车服务公司为研究视角的基础上，进一步引入顾客满意度视角，研究了考虑顾客满意度的车次分配与调度问题，根据给定的满意度获得不同满意度下的最小成本策略。研究技术路线如图1-4所示。

```
                    ┌──────────────────┐
                    │   查阅文献与调研   │
                    └──────────────────┘
          ┌────────────────┴────────────────┐
   ┌──────────────┐                  ┌──────────────┐
   │  车辆路径问题  │                  │ 相关通勤汽车   │
   │              │                  │ 服务公司调研   │
   └──────────────┘                  └──────────────┘
     ┌──────┴──────┐                  ┌──────┴──────┐
┌─────────┐  ┌─────────┐        ┌─────────┐  ┌─────────┐
│经典VRP问题│  │VRP问题的拓展│      │实际运营情况│  │遇到的困难与│
│及常见求解方法│ │形态和求解方法│     │          │  │技术需求   │
└─────────┘  └─────────┘        └─────────┘  └─────────┘
```

```
            ┌────────────────────────┐
            │ 总结与归纳集中通勤客运    │
            │ 服务过程的流程、特点      │
            └────────────────────────┘
            ┌────────────────────────┐
            │ 提炼科学问题：集中通勤接送 │
            │ 服务中车次分配与调度问题   │
            └────────────────────────┘
            ┌────────────────────────┐    ┌──────────────┐
            │ 问题1：独立多行程车次下   │    │ 基于通勤汽车服务 │
            │ 车次分配与调度问题        │    │ 公司视角，以最小 │
            └────────────────────────┘    │ 化运行成本为目标 │
            ┌────────────────────────┐    └──────────────┘
            │ 问题2：联合多行程车次下   │
            │ 车次分配与调度问题        │
  ┌──────────────┐└────────────────────────┘
  │ 引入顾客满意度视 │ ┌────────────────────────┐
  │ 角，考虑加入新环 │ │ 问题3：给定顾客满意度下   │
  │ 境下的协调与同步 │ │ 车次分配与调度问题        │
  └──────────────┘ └────────────────────────┘
```

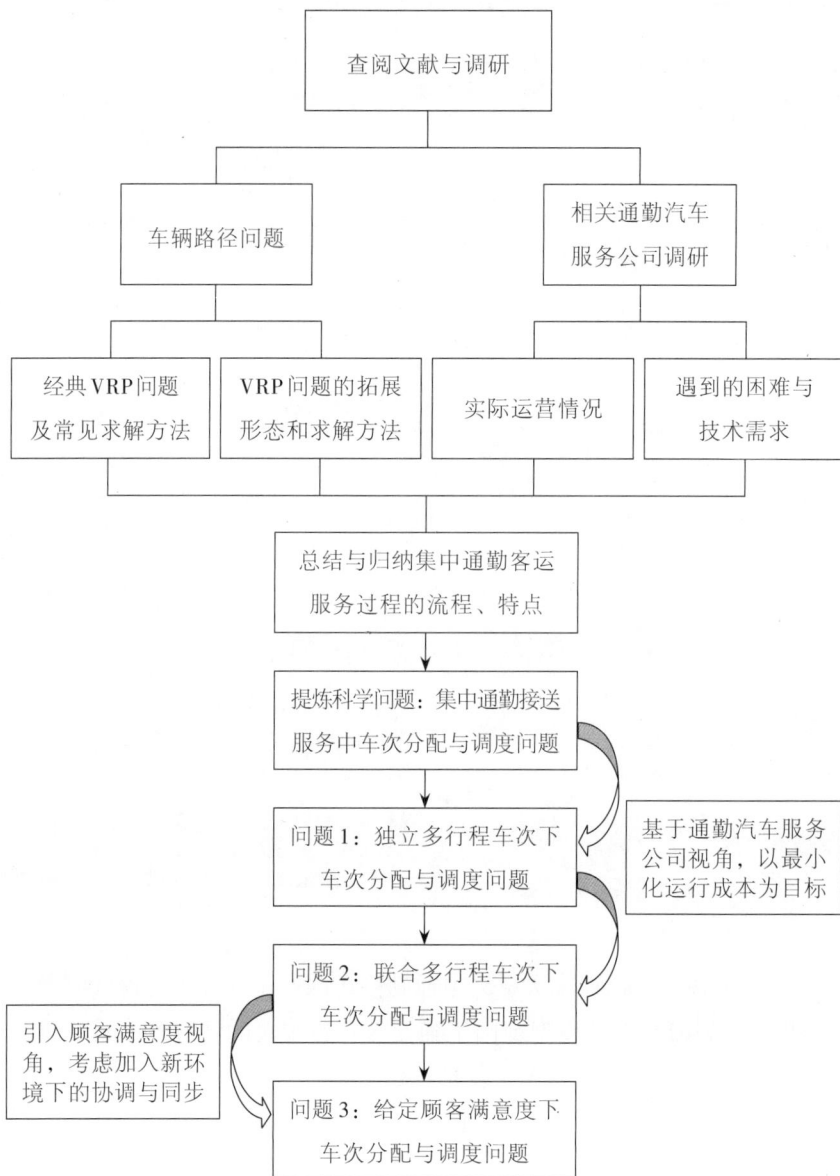

图 1-4　研究技术路线图

1.5　研究创新点

　　问题来源于通勤汽车服务公司的实际需求，从集中通勤接送服务实践的调研和观测中提炼出科学问题，丰富了车次分配与调度问题，是理论联系实际的一次问题创新。研究遵循越来越贴近实际、逐渐放宽约束条件的思路建立模型。针对模型求解，由于 VRSP 是 NP-hard 问题，加之研究问题的大规模性，很难直接使用规划软件求解，即便获得了可行解，通常也会消耗大量的时间无法满足实时性要求。由于绝大多数情况下无法直接使用优化软件获得精确解，目前求解 VRSP 的方法主要有元启发式算法和经典启发式算法两类。由于问题的复杂性，现有经典启发式算法已经不直接用于该问题的求解。元启发式算法（如遗传算法等），虽然具有很好的全局搜索性能，获得的可行解质量较高，但搜索速度比较慢。若直接使用该类元启发式算法求解仍需要消耗较多时间，无法满足实时性。因此，现有研究多根据问题具体特点设计新的启发式算法。但这些启发式方法是作为一种求解手段来求解某种具体问题，是建立在分析人员对某个具体问题特点的基础上运用洞察力和感知力，以经验和直观推断为基础构造的算法，通常不具有普适性，需要针对具体问题和模型的不同特点，设计相应的启发式算法。本书根据不同环境下模型和问题的特点，设计开发不同的启发式算法，这些算法具有搜索能力强、易于实现、方法设计复杂度低等特点，能够根据问题特征快速获得令人满意的可行解，具有实时性、有效性和可行性。

本书研究创新之处主要体现在：

（1）给出独立多行程车次下车次分配与调度问题的模型及算法

建立了独立多行程车次下集中通勤接送服务车次分配与调度问题的0-1整数规划模型。该模型刻画了独立多行程车次的特征，即车上不可以同时具有不同签约单位点的顾客，当把顾客送到其签约单位点后，车辆不返回发车点，继续进行其他子路径的服务。针对该模型和问题特点，设计了一种基于动态特征点的启发式算法求解该模型，动态特征点的引入使经典节约算法可以应用到该问题的求解，是对经典节约算法的一种推进和泛化，使其可以应用到更多的场景中。计算实验结果表明，设计的启发式算法对于独立多行程车次下集中通勤接送服务的车次分配与调度问题的求解是有效的、可行的。

（2）给出联合多行程车次下车次分配与调度问题的模型及算法

允许车上可以同时具有不同签约单位点的顾客，建立了联合多车行程车次下集中通勤接送服务车次分配与调度问题的0-1整数规划模型。针对该模型和问题特点，设计开发了基于特征点的节约–遗传混合启发式算法，以达到在合理的时间内得到满意解的目的。该算法由两部分构成：首先对各车次的首个客户点和末位签约单位点这两个关键节点使用遗传算法进行重点搜索；然后再构造这两个关键节点之间的路径，使用基于特征点的节约算法将节点逐个加入到路径中，直到所有的节点都被加入到路径中去。

（3）给出考虑顾客满意度的车次分配与调度问题的模型及算法

在最小化运行成本模型的基础上，设计基于软时间窗的顾客满意度描述方法，构建了给定满意度下集中通勤接送服务车次分配与调度最小化成本模型，通过调整满意度可获得不同满意度下的最小成本。针对模型求解，设计了一种基于kNN思想的启发式算法—类标签算法。该方法的核心思想是：首先对签约单位点进行Q型聚类分析得到若干标签（类别），在当前节点的某邻域内利用kNN算法找出最优标签，其中距离测量的方法由本书设计的扩展路径方式给出，最后选取属于最优标签的最优节点。通过这样的设计可以使算法在满足有效性、实时性的同时，有效克服节约算法出现由于签约单位点相同的两个节点容易被连接而增加更多服务距离的情况。

2 车辆路径问题及应用的综述

一直以来，车辆路径优化问题都是物流研究领域的热点。本章从论文研究所涉及的基础理论入手，总结了经典车辆路径问题模型和常见求解方法，进一步比较分析了现实中具有代表性的不同类型车辆路径问题，从模型描述和求解方法的角度研究了车辆路径问题的拓展过程。

2.1 经典车辆路径问题及其数学模型

2.1.1 经典车辆路径问题

经典车辆路径问题（Vehicle Routing Problem，VRP）由 Dantzig 和 Ramser 于 1959 年首次提出。它是指一定数量的客户，各自有不同数量的货物需求，配送中心向客户提供货物，由一个车队负责分送货物，通过制定科学合理的车辆行驶路径，以实现满足客户需求的同时成本最小化。其理论与方法已被广泛应用于交通运输、电力、通信等多个领域中（郎茂祥等，2004）。车辆路径的实际问题包括配送中心配送、公共汽车路径制定、信件和报纸投递、航空和铁路时间表安排、工业废品收集等，主要涉及货物、顾客、车辆、物流中心、车场、运输网络、约束条件、目标函数等要素。如今随着物流网络路径的扩大和结构的复杂化，不断出现新的目标需求和约束条件，促使 VRP 问题的研究不断出现新的衍生和拓展。

2.1.2　经典车辆问题的数学模型

经典车辆路径问题是指在每一部车辆存在一个最大装载能力的限制时，如何组织适当的行车线路。它是最基本的车辆路径问题，其他的车辆路径问题的变型问题都是基于标准 VRP 展开的。下面给出标准车辆路径问题的数学模型。

从图论的角度，经典车辆路径问题可以表示为完备图 $G = (V，A)$。$V = \{0，1，\cdots，n\}$ 表示顶点集，其中 0 表示车场，$V' = \{1，\cdots，n\}$ 表示客户点集。$A = \{(i，j)|i，j \in V，i \neq j\}$ 表示弧集或边集。对于车辆路径问题定义如下的符号：

c_{ij}：对每一条弧赋一个非负的权重 c_{ij}，c_{ij} 表示客户点或者客户点和车场之间的旅行费用等，对应于所有弧的费用 c_{ij} 就构成了车辆路径问题的费用矩阵 $C = (c_{ij})$。

d_{ij}：车辆路径问题中，两个节点间的空间距离。若 $c_{ij} = c_{ji}$ 和 $d_{ij} = d_{ji}$，称该问题为对称车辆路径问题，否则称为非对称车辆路径问题。在文献中有些 VRP 问题假设节点间的旅行费用等于旅行距离，即 $c_{ij} = d_{ij}$。

Q：车辆的最大装载能力。

d_i：客户点 i 的需求。

δ_i：客户点 i 的车辆服务时间。

m：可用的车辆数量，这里假设所有车辆具有相同的最大装载能力。

R：车辆集：$R = \{1，2，....，m\}$。

R_i：车辆路径：$R_i = \{0，i_1，....i_n，0\}$，$i_1，...i_n \in V'$，$i \in R$。

对于每一条弧 $(i，j)$，定义如下变量：$x_{ijv} = 1$，若车辆 v 从客户点 i 行驶到客户点 j，否则 $x_{ijv} = 0$；$y_{iv} = 1$，若客户点 i 的需求由车辆 v 来完成，否则 $y_{iv} = 0$。

标准车辆路径问题的数学模型可以表示为：

$$\min \sum_{i=1}^{n}\sum_{v=1}^{m} x_{0iv} + \sum_{i=0}^{n}\sum_{j=0}^{n}\sum_{v=1}^{m} x_{ijv} c_{ij} \tag{2.1}$$

$$\text{s.t.} \sum_{v=1}^{m}\sum_{i=0}^{n} x_{ijv} = 1 \forall j \in V \tag{2.2}$$

$$\sum_{i=0}^{n} x_{ipv} - \sum_{j=0}^{n} x_{pjv} = 0 \forall p \in V, \ v \in R \tag{2.3}$$

$$\sum_{i=1}^{n} d_i y_{iv} \leqslant Q \quad v \in R \tag{2.4}$$

（2.1）式为目标函数，由使用的车辆数量和车辆行驶费用两部分构成。（2.2）式表示每个客户点 j 只被一部车辆访问且只访问一次；（2.3）式为车流约束，它要求车辆完成一个节点的服务后继续进行下一个节点的服务；（2.4）式为车辆装载能力约束，它表示车辆在访问路径上的装载量之和不能大于车辆的装载能力 Q。

2.2 车辆路径问题的常见求解策略与方法

车辆路径问题的求解方法包括精确算法与启发式解法。

2.2.1 精确算法

精确算法是指算法保证在有限的时间内获得组合优化问题的最优解（C.H.Papadimitriou 和 K.Stieglitz，1982）。早期运筹学的研究侧重于问题精确算法的研究，因此产生了一些与枚举算法相比更有效的算法，比如最具代表性的是求解线性规划问题的 Simplex 算法。精确算法只能获得较小规模的组合优化问题的最优解，对于一些像旅行商问题（TSP）的 NP-hard 的组合优化问题，精准算法的计算时间可能因问题规模而指数倍增加。因此对于实际应用问题，精确算法有其致命的弱点。

精确算法作为理论研究型方法，只能求解中小规模的问题，且方法涉及大量严格的数学方法，算法的计算时间、设计难度及可计算问题规模等导致其在实际问题中不能被采用（R.Fukasawa 等，2006）。精确算法作为获得问题最优解的方法，其研究发展方向是在可接受的时间范围内尽可能地使其可求解问题的规模扩大。常用的精确算法包括：分支定界（N.Christofides 和 S.Eilon，1969），动态规划（Dynamic Programming）（S.Eilon 和 C.D.T.Watson-Grandy，1971），分支切割（Branch and Cut）（J.Lysgard 和 A.N.Letch Ford 等，2004）以及基于集划分的列生成（Column Generation）（M.R.Rao 和 S.Zionts，1968）和 Branch and Cut and Price 算法（R.Fukazawa 等，2006）。这里仅总结较为常用的分支定界相关算法。分支定界算法最早由 Christofides 和 Eilon（1969）引入到求解 VRP 问题中。它是由"分支"策略和"定界"策略两部分组成。"分支"策略体现在对问题空间是按广度优先的策略进行搜索，"定界"策略是为了加快搜索速度而采用信息剪枝的策略。分支切割是一种相对高效的方法。它在传统的分支定界上加入割平面（Cutting Planes），在运算过程中切割集合中的不可行部分，逐步降低 VRP 的下界，从而得到问题的解。在求解 VRP 的精确算法中分支切割算法是比较成功的方法，尤其采用结合列生成和割平面的 Branch and Cut and Price 算法求解 VRP 效果更佳。列生成算法是求解带时间窗车辆路径问题的主要精确算法（J.F.Cordeau，2005；J.Bramel 和 Simchi-Levi，2002；D.Naddef 和 G.Rinaldi，2002；P.Toth 和 D.Vigo，2002；J.F.Cordeau 等，2002），但由于带时间窗口的装卸货问题的求解难度提升，精确算法尚比较少见。而动态规划方法仅实现小规模的 Single-vehicle 问题，Psaraftis（1980；1983）的算例中问题规模在 10 以内的数据达到最优，Desrosiers 等（1986）实现问题规模在 40 以内的数据达到最优。近年来，学者们考虑有效割平面可提高对强约束问题获得最优解的可能性，Cordeau 等（2003）和 Ropke 等（2007）采用 Branch and Cut 算法对 Mufti-vehicle 的 PDPTW（Pickup and Delivery Problem with Time Windows）和 DARP（Dial A Ride Problem）问题进行了求解。下面介绍一些常见的精确算法的基本思想和步骤：

（1）分支定界法

分支定界法是求解整数线性规划最优解的经典方法。其思想是对有约束条件的最优化问题（其可行解为有限数）的所有可行解空间进行系统搜索。通常把全部解空间反复地分割为越来越小的子集，称为分支；并对每个子集内的解集计算一个目标下界（对于最小值问题），这称为定界。若某个已知可行解集的目标值不能达到当前的界限，则将这个子集舍去。分支定界法的基本步骤如下：

第一步：首先将原优化问题的整数约束条件改为非负约束，得到一个普通线性规划问题，这个过程称为从原问题 ILP 得到它的一个松弛问题 LP：

$$\text{ILP}: \quad \min \ z = c^T x \quad \text{s.t.} \begin{cases} Ax \leq b \\ x_j \geq 0 \\ x_j \text{为整数}, \ (j = 1, \ 2, \ ..., \ n) \end{cases}$$

$$\text{LP}: \quad \min \ z = c^T x \quad \text{s.t.} \begin{cases} Ax \leq b \\ x_j \geq 0, \ (j = 1, \ 2, \ ..., \ n) \end{cases}$$

其中，

$c = (c_1, \ ..., \ c_n)^T$, $x = (x_1, \ ..., \ x_n)^T$, $A = (a_{ij})_{m \times n}$, $b = (b_1, \ ..., \ b_m)^T$

第二步：在 LP 的最优解中任选一个不符合整数条件的变量 x_j，设其值为 l_j，$[l_j]$ 是不超过 l_j 的最大整数。构造两个约束条件：$x_j \leq [l_j]$ 和 $x_j \geq [l_j] + 1$，将两个条件分别加入其松弛问题 LP，将 LP 分成两个后继问题 LP1 和 LP2。不考虑整数条件要求，求解 LP1 和 LP2。

第三步：以每个后继子问题为一分支并标明求解的结果，找出最优目标函数值的最小值作为新的下界 z_0。从已符合整数条件的各分支中，找出目标函数值的最小值作为新的上界 z^*，即有 $z^* \geq z \geq z_0$。

第四步：各分支的最优目标函数中若有大于 z^* 者，则剪掉这一支；若小于 z^*，且不符合整数条件，则重复第一步直到最后得到最优目标函数值 $z = z^*$ 为止，从而得最优整数解 x_j^*，$j = 1, \ 2, \ ..., \ n$。

（2）整数规划法

最优化问题种类丰富，因此有很多不同的分类方法。根据是否有约束条件可分为两类，分别是无约束极值问题和约束条件下的极值问题。对无约束极值问题组建的数学模型一般具有如下的形式：

$$\min_x f(x)$$

对有约束极值问题组建的数学模型一般具有以下的形式：

$$\min_x f(x)$$
$$s.t. h_i(x) = 0, \ i = 1, \ 2, \ \cdots, \ m$$

或

$$\min_x f(x)$$
$$s.t. g_i(x) \geq 0 (g_i(x) \leq 0), \ i = 1, \ 2, \ \cdots, \ p$$

其中 $f(x)$ 为目标函数，$h_i(x)$ 是等式约束，$g_i(x)$ 是不等式约束。

也可根据目标函数和约束条件是否为线性函数进行分类，分为线性最优化问题和非线性最优化问题。线性最优化问题是指模型约束条件和目标函数都是线性函数；非线性最优化问题是指约束条件或目标函数中含有非线性函数。基于目标函数和约束条件是否含有时间变量分类，可分为动态最优化问题和静态最优化问题。如果最优化问题中的所有变量的取值均为整数，则称为整数规划问题。整数规划问题可分为线性整数规划、非线性整数规划以及混合整数规划等。如果线性规划中的所有变量均为整数，则称为线性整数规划问题。如果决策变量的取值仅为 0 或 1，则称为 0-1 规划问题。整数规划问题的一般数学模型为：

$$\min_x f(x)$$
$$s.t. \quad g_i(x) \leq 0, \ i = 1, \ 2, \ \cdots, \ m$$
$$h_j(x) = 0, \ j = 1, \ 2, \ \cdots, \ l$$
$$x \in Z$$

0-1 规划问题的一般数学模型为：

$$\min_x f(x)$$
$$s.t. \quad g_i(x) \leq 0, \ i = 1, \ 2, \ \cdots, \ m$$
$$h_j(x) = 0, \ j = 1, \ 2, \ \cdots, \ l$$
$$x = 0 或 1$$

非线性规划问题的一般数学模型为：

$$\min_x f(x)$$
$$s.t. \quad g_i(x) \leq 0, \ i = 1, \ 2, \ \cdots, \ m$$
$$h_j(x) = 0, \ j = 1, \ 2, \ \cdots, \ l$$

式中，$f(x)$ 为目标函数，$g_i(x)$、$h_j(x)$ 为约束函数，这些函数中至

少有一个是非线性函数。一般的多目标规划问题都可写成如下的
形式：

$$\min f_1(x)$$
$$\min f_2(x)$$
$$\vdots$$
$$\min f_p(x)$$
$$\text{s.t. } g_i(x) \leqslant 0, \quad i = 1, 2, \cdots, m$$

其中，$R = \{ x | g_i(x) \leqslant 0, \quad i = 1, 2, \cdots, m \}$ 称为多目标规划问题的
可行集或容许集，$x \in R$ 称为可行解或容许解。多目标规划问题的目标
函数不止一个，其求解通常是根据问题的特征将多目标转化为单目标，
最后对单目标优化问题进行求解。

（3）动态规划法

动态规划法通常用于求解具有某种最优性质的问题。在这类问题
中，可能会有许多可行解，每一个解都对应一个值，一般希望找到具有
最优值的解。动态规划法与分治法类似，其基本思想也是将待求解问题
分解成若干个子问题，先求解子问题，然后根据这些子问题的解得到原
问题的解。动态规划法实质上是一种以空间换时间的技术，它在实现的
过程中，不得不存储产生过程中的各种状态，所以它的空间复杂度要大
于其他的算法。在求解较小规模的优化问题上，精确算法可以获得最优
解。但是对于一些组合优化问题，精确算法需要的计算时间可能是问题
规模的指数倍。在处理一些实际问题时，精确算法存在很大的局限性。
因此，学者们将启发式算法作为研究的重点。

2.2.2 启发式算法

启发式算法能够通过对问题结构的探索，利用基于问题的特定信息
引导算法在可接受的计算时间内找到较好的解。由于 VRP 属于 NP-hard
问题，使用精确算法很难求解，主要使用启发式算法来求解车辆路径问
题。多年来，许多学者在对车辆路径优化问题的研究中，提出各种各样
的启发式算法。启发式算法可以分为经典启发式算法和元启发式算法两
类，其中经典启发式算法包括改进的节约算法、插入算法、扫描算法、
两阶段算法和路径改进算法。

（1）经典启发式算法

①节约算法

如图 2-1 所示，运输方式由 S1 变成 S2，可节省的运输距离为 $(2a + 2b) - (a + b + c)$，这一节省的运输距离称为"节约里程"。该方法由 Clarke 和 Wright 于 1964 年提出，用于求解标准车辆路径问题是一种基于节约准则的车辆路径逐步构造算法（C-W 算法）（G. Clarke 和 J. R. Wright，1964）。算法根据约值最大的原则将两条路径进行合并，其主要步骤见表 2-1。

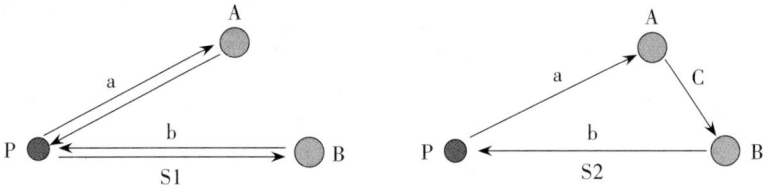

图 2-1　节约算法

表 2-1　　　　　　　　　　节约算法迭代步骤

Step 1	计算路径节约值 $s_{ij} = c_{i0} + c_{0j} - c_{ij}$，$(i, j = 1, 2, .., n$，且 $i \neq j)$
Step 2	将 Step 1 中的节约值降序排序
Step 3	将 Step 2 中的节约值排序，逐步检查分别包含边 $(i, 0)$ 和 $(0, j)$ 的两条路径，从中选择具有最大节约值的两条路径进行合并
Step 4	重复上述过程，直到没有可行的路径可以合并

由于节约算法的原理简单且易实现，目前已经被应用于很多 VRP 启发式算法的设计。

②插入算法

该算法又被称为"最远插入法"，由 Mole 和 Jameson 于 1976 年最早提出，作为求解 VRP 的方法，插入算法与最邻近法和节约法相结合，按照次序将客户点插入路径中来构建配送路径（夏新海，2004）。插入算法将节省值的理念应用于循序路径的建立上，首先将最远的需求点作为路径的种子点，再根据最邻近点插入法的理念，以插入值最小者作为下一个插入点，最后应用一般化节省值公式，由其中节省值最大者来决定插入的位置，重复进行选取与插入的步骤，当达到车辆容量限制或设定的时间窗界限时，再建立另一条路径，如图2-2所示。

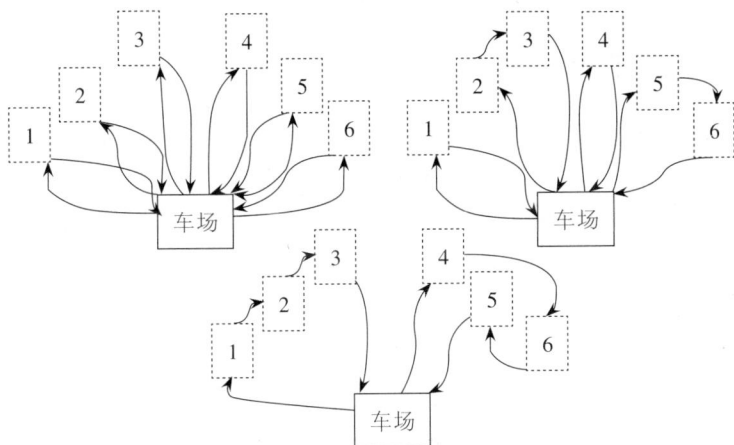

图2-2　插入算法

该算法应用于求解带有时间窗限制的车辆路径问题。Solomon于1983年提出以时间和距离为标准的多重判断，选择插入成本最小的顾客，将其插入路径中（刘建宏，2005），通过增加时间这一约束条件，使原问题中顾客的等待时间得以缩短。Potvin和Rousseau（1993）发现，可以根据问题的特性决定平行插入法或循环插入法的使用时机，即顾客位置采群集（Cluster）分布或随机（Random）分布。插入算法的迭代步骤见表2-2。

表2-2　　　　　　　　　　　插入算法迭代步骤

Step 1	选取距离配送中心最远的客户点为起点，从其他剩余的客户点中，根据最邻近法决定下一个被插入的客户点
Step 2	以节约法决定该客户点应被插入的位置，在车辆容量限制下，重复进行选取与插入的步骤，当无法再扩充路径时，则再建立另一路径，直至所有顾客都被排入路径中

③扫描算法（Sweep Algorithm）

该算法通过旋转一个以车场为中心的射线的方式逐步将客户点分组，直到分组不满足约束条件（车辆载重能力和旅行时间约束）。

算法继续开启新一轮的扫描，直到平面上所有点都被扫描到，扫描结束后，算法单独求解每一部车辆路径对应问题（TSP）。扫描算法用极坐标(θ_i, ρ_i)表示客户点i，θ_i表示极角。算法任取一点i^*并设其极角为零，计算其他点到极轴（从车场点出发经过点i^*的射线）的极角值，并将极角值按从小到大的顺序排列后开始扫描。扫描算法只适合于具有平面结构（Planner Structure）的VRP，这大大限制了它的应用范围。

④两阶段算法（Two-phase Process）

比较有代表性的两阶段启发式算法由Chistfides等（1979）提出，基本过程见表2-3。

表2-3   **两阶段算法迭代步骤**

Phase 1	序列路径构造阶段
Step 1	设置第一个路径的索引 k 为 1
Step 2	选择任意未安排进路径的客户点 i_k 来初始化路径 k。对每一个未安排进路径的客户点 i，计算 $\delta_i = c_{0i} + \lambda c_{iik}$
Step 3	设 $\delta_i = \min_{i \in s_k}\{\delta_i\}$，$s_k$ 为由所有未安排进路径的客户点中能够满足约束条件插入到路径 k 中的客户点构成的点集。将客户点 i^* 插入到路径 k 中，用算法 r-Opt 优化路径 k。重复执行 Step 3，直到没有可行的客户点可以插入到路径 k
Step 4	若所有的客户点都安排进路径，则算法停止迭代，否则，k = k + 1，算法转到 Step 2
Phase 2	并行路径构造阶段
Step 5	初始化 T 条路径：$R_t = (1, i_t, 1)(t = 1, 2, ..., k)$，这里的 k 值为算法第一阶段确定的值，并设 K = {$R_1, R_2, ..., R_k$}
Step 6	对每一个 $R_t \in K$ 和每一个未安排进路径的客户点 i，计算 $\varepsilon_{ti} = c_{0i} + uc_{0k_t} - c_{0i}$ 和 $\varepsilon_{t^*i} = \min\{\varepsilon_{ti}\}$。将客户点 i 和路径 R_{t^*} 关联，重复 Step 6，直到所有客户点都与一条路径关联

续表

Phase 2	并行路径构造阶段
Step 7	选择任一路径 $R_t \in K$ 并设 $K = K/\{R_t\}$。对路径 R_t 中的每一个客户点 i，计算即 $\varepsilon_{t'i} = \min_{R_t \in K}\{\varepsilon\}$ 和 $T_i = \varepsilon_{t'i} - \varepsilon_{ti}$
Step 8	将满足约束条件 $T_i = \max_{i \in s_t}\{T_i\}$ 的点 i^* 插入到路径 R_t，这里 s_t 表示由那些与路径 R_t 关联并可以插入到路径 R_t 的可行客户点集。用算法 r-Opt 优化路径 k。重复 Step 8 直到没有客户点可以插入到路径 R_t
Step 9	若 $K \neq \varnothing$，算法转到 Step 6，否则，若所有的客户点都安排进路径，则算法停止。若还有未安排的客户点算法转到第一阶段 Step 1，则继续构造新的路径

⑤路径改进算法

Thompson 和 Psaraftis（1993）提出了一种基于循环 k-转移（Cyclic k-transfers）概念的方法来求解 VRP 和 VRPTW，该算法的基本思想是：对于每一个 j，同时将 k 个点从路径 I_j 转移到路径 $I^{\delta(j)}$ 中。路径集 $\{I^r\}$，（r = 1，2，...，m）构成一个 VRP 可行解，δ 是 {1，2，…，m} 的一个子集的循环排列。

（2）元启发式算法

经典启发式算法易于实现，但容易陷入局部最优解。元启发式算法与此不同，其对解空间进行探索，设计机制可以帮助搜索跳出局部最优解。对于求解 VRP 问题，常见的元启发式算法有：禁忌搜索算法、模拟退火算法、遗传算法、蚁群算法、粒子群算法、分散搜索算法、变邻域搜索算法及混合元启发式算法等。本书设计了改进的遗传算法，因此介绍遗传算法的基本步骤，如图 2-3 表示。

编码：遗传算法以决策变量的编码作为运算对象，因此需要将问题的状态空间与遗传算法的码空间相对应。遗传算法无法处理问题的状态空间的参数，因此需要把状态空间的参数转换为码空间中的染色体或个体，其中的染色体或个体由基因按一定结构组成。这一转换操作就称为编码。

```
                    ┌─────────────────┐
                    │  实际问题参数集   │
                    └─────────────────┘
                            │
                            ▼
                    ┌─────────────────┐
                    │   编码成为串      │
                    └─────────────────┘
                            │
┌──────────────────┐       ▼
│1.位串解释得到参数  │  ┌─────────────────┐◄──────────────┐
│2.计算目标函数     │  │     种群 1       │               │
│3.函数值向适值映射  │  └─────────────────┘               │
│4.适值调整        │          │                          │
└──────────────────┘          ▼                          │
              ──────►  ┌─────────────────┐   ┌──────┐     │
                       │   计算适应值      │   │ 随  │     │
                       └─────────────────┘   │ 机  │  ┌──────────────┐
┌──────────────────┐          │             │ 算  │  │ 种群1⇐种群2   │
│三种基本遗传算子：  │          ▼             │ 子  │  └──────────────┘
│  选择算子         │  ┌─────────────────┐  └──────┘        │
│  交叉算子    ──────►│  选择、交叉与遗传  │◄────────         │
│  变异算子         │  └─────────────────┘                  │
└──────────────────┘          │                            │
                              ▼                             │
                       ┌─────────────────┐                 │
                       │   统计结果        │                 │
                       └─────────────────┘                 │
                              │                             │
                              ▼                             │
                       ┌─────────────────┐                 │
                       │     种群 2       │─────────────────┘
                       └─────────────────┘
                              │
                              ▼
                    ┌─────────────────────┐
                    │ 经过优化的一个或多个   │
                    │ 参数集（由解码得到）   │
                    └─────────────────────┘
                              │
                              ▼
                    ┌─────────────────────┐
                    │  改善或解决实际问题    │
                    └─────────────────────┘
```

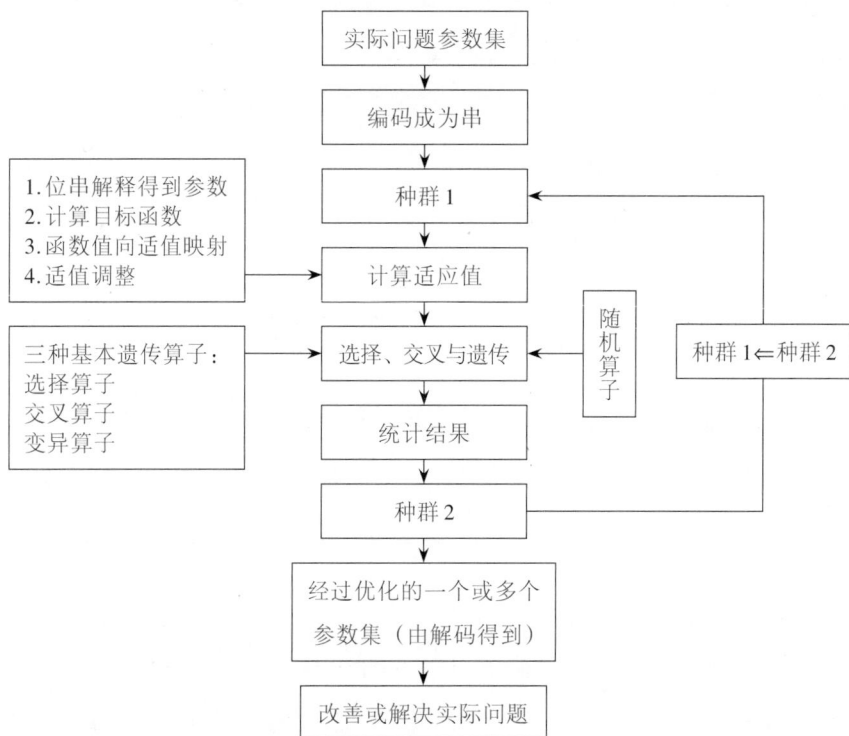

图 2-3 遗传算法

适应度函数：遗传算法中使用适应度函数值来评价每个个体（解）的好坏。适应度函数值的大小，代表个体生存能力的强弱，从而表示所得解的质量好坏。适应度函数值越大，则表示相应的个体生存能力越强，从而得到的解的质量越好。在遗传算法中，优化过程发展的依据用适应度函数表示。适应度函数值是筛选群体中个体生存机会的唯一确定性指标。适应度函数的形式决定了群体是否具有进化行为，在解决问题时应该根据问题的实际含义和要求来决定适应度函数的形式。

选择：使用遗传算法求解问题时，需要对群体中的个体通过某种运算规则来进行优胜劣汰操作，在这个操作中，常常使用的运算是选择运算。选择运算的基本思想是个体被遗传到下一代群体中的概率与该个体的适应度函数值大小成正比。在使用遗传算法求解的问题中群体大小为 n，某一个体 i 的适应度函数值为 F_i，则该个体 i 被遗传到下一代群体的概率为：

$$P_i = F_i / \sum_{i=1}^{n} F_i \qquad (2.5)$$

交叉：在使用遗传算法时，需要根据某种运算方式产生新的个体。在产生新的个体的过程中，交叉运算是经常使用的一种方法。交叉运算是指两个染色体在相互配对的过程中，依据交叉概率，按某种交叉方式，将这两个染色体的部分基因相互交换，从而形成两个新的个体。常见的交叉方式有单交叉点法、双交叉点法和基于"与/或"交叉法。

变异：遗传算法中的变异是指用其他基因值将个体编码串中的某些基因值根据变异概率进行替换，从而形成一个新的个体。遗传算法中的变异运算能够产生新的个体，它对遗传算法的局部搜索能力具有决定作用，同时还有助于保持种群的多样性。交叉运算和变异运算相互配合，共同完成对搜索空间的全局搜索和局部搜索。

由于遗传算法应用时间较早且应用范围较广，因此采用遗传算法求解 VRP 的研究发展方向通常是在遗传算法的框架中利用其他算法，充分发挥不同算法的优势，设计混合遗传算法。在近些年来求解 VRP 的遗传算法研究中，大部分研究采用了该思路，如 Wang 和 Lu（2009）、Ghoseiri 和 Ghannad Pour（2009）、Jeon 等（2007）、Berge 和 Barkaoui（2003）、Angy（2001）等。

2.3　现实中不同类型车辆路径问题的比较分析

实际生产运作管理中产生的车辆路径优化问题与标准车辆路径问题相比具有新的特征和属性，比如在优化中考虑服务时间窗、需求可能为随机量、旅行时间可能是随机量等，以往的 CVRP 的模型和框架已经不能用来对这些新的车辆路径问题进行建模和分析。车辆路径问题可以通过松弛标准车辆路径问题中的假设条件，也可以基于实际需要在标准车辆路径问题中加入新的约束条件来产生新的扩展问题。一种扩展方式是基于目标函数形式、客户点特点、路径网络、发车点数量和车辆特征等要素。另一种常见的拓展方式是放宽标准车辆路径问题的假设条件或约束条件，为解决实际中遇到的问题引入新的约束条件。通过探索这些新的扩展问题，逐渐拓宽了车辆路径问题的研究广度和深度。

（1）具有装载限制的VRP

具有装载限制的VRP对车辆装载方式和顺序有一定的条件要求。二维装载问题中涉及货物的长度和宽度，根据装载实际需要可以分为有序无方向、有序有方向、无序无方向和无序有方向二维装载问题。在此基础上，学者们进一步研究了三维装载问题，需要考虑货物的三维形状，在长和宽的基础上还要考虑高度限制。例如，在家具或大型家电等易损易碎物品的配送过程中，顾客的要求往往是"不可堆叠"，这就要求在配送的过程中，在优化路径的同时需要对装载进行优化。Zhu（2016）等研究了考虑货物三维形状、卸载顺序、物品性质和车辆装载计划的3L-VRP。颜瑞等（2012）针对实际物流配送问题的特点，建立考虑三维装箱约束的车辆路径问题模型，提出求解该问题的引导式局部搜索算法。Koch等（2018）采取了将车辆空间分区，分别从车辆侧面和车尾进行取货和装货的方法来解决要求同时取送的3L-VRP。这也是目前多数大型货运汽车进行装载和卸货的方式。除此之外，还包括在车厢内不允许混装的情况，例如生鲜农产品配送为避免串味和鲜活度下降采取多隔室同车配送以满足不同温湿度的要求（陈久梅和周楠等，2019）。

（2）多车型VRP

传统VRP中，通常使用相同车型进行调度，这种情况无法满足实际需求。根据车辆数量和车辆的装载能力进行调度能够在满足客户的需求的同时降低成本。黄合来等（2014）为探究出行安全对用户出行选择行为的影响，提出了考虑事故风险成本和旅行时间的多类用户交通分配模型。Deng等（2018）将多车型车辆路径问题进行了扩展，研究了带时间窗的多车型车辆路径问题。Liu等（2016）提出了物流中的异构多车型车队问题的研究。

（3）带时间窗限制的VRP

一般的VRPTW问题可描述为：一个车场或配送中心（发车点），Z个客户（1，2，…，Z），第i个客户的货运总量为g，使用装载数量相同的货车（车速为 v，车载量为 Q）完成货物配送点的运输任务。每个任务都有最早送达时间 ET 和最迟送达时间 LT。每个需求点的需求量均小于配送货车的载重量（g < Q），且只允许一部车辆对其进行访问，但一部车辆可以对若干个客户点进行访问；配送中心和各客户点地理位置和他们之间的距离可以获得；所有车辆均从发车点出发，完成运送任务后最终返回发车点。优化目标是通过制定合理的行车路径使得在满足所有任务时间窗约束和车辆装载能力约束下，总行驶费用最小。闫俊刚（2016）等建立了具有双重时间窗约束的作业车间调度模型，并提出了一种基于启发式规则的禁忌搜索算法对该模型进行求解。李珍萍等（2015）总结了多硬时间窗的 VRP 模型，适用于对于服务时间要求柔性化的客户点。这类问题在实际生活中有着广泛的应用，通过学者们对该类问题的研究，较好地满足了管理者的需求，提升了服务质量。

（4）随机需求 VRP

随机需求车辆路径问题是指在一个服务周期里车辆向若干个具有随机需求的客户点提供服务，其需要满足接受服务客户的方位坐标和数量固定，需求 q_i 满足一定的随机分布，要给出车辆的行驶线路和车辆数量。目前针对随机需求车辆路径问题（Stochastic Demand Vehicle Routing Problem，SDVRP）的研究中，主要分为客户需求随机性、周期的随机性、交通环境的随机性、随机客户需求和随机交通环境信息混合四种。针对随机 VRP 的求解，通常根据策略及标准的不同采用不同的求解方法，具有很强的灵活性。这与建立在很强的假设条件基础上且具有唯一最优解的确定性 VRP 有很大区别。

（5）多行程 VRP

多行程车辆路径问题（The Multi-trips Vehicle Routing Problem，MTVRP）允许车辆在服务周期内具有多条行车路径。如图 2-4 所示，车辆从某个配送点出发，完成服务后，可返回任何一个配送点进行补货或者终止服务，而无须返回最初的起始点。该运输模式具有重要的实际应用价值，可极大地提高车辆使用效率，达到节约成本的目的。

刘冉（2010）等根据现代物流业发展的实际需要，研究了半开放式多车场车辆路径问题。针对所建立的数学模型，设计了节约算法、顺序插入算法和并行后悔插入算法，并对不同算法的求解结果进行了对比分析。

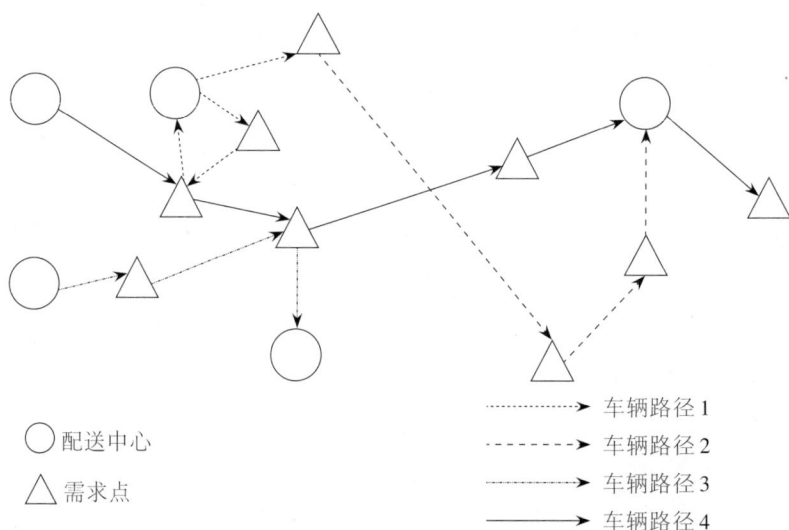

○ 配送中心

△ 需求点

............▶ 车辆路径1

------▶ 车辆路径2

————▶ 车辆路径3

———▶ 车辆路径4

图2-4 多行程的车辆路径

（6）多级VRP

随着经济的快速发展以及交通便利性的提高，企业客户的数量及分布范围大幅度增长，业务范围逐渐扩大，原有的配送系统和配送方式已经远远不能满足需求。企业将会付出巨大的成本来使车辆在企业和客户之间频繁往返，尤其是小批量的商品运输。多级配送系统能有效地解决该问题。如图2-5所示，多级VRP（Multi-echelon Vehicle Routing Problem，MEVRP）是指在企业和配送目的地之间设立若干个物流中心，通过优化车辆路径，以达到减少整个配送系统的总运输成本和使用的车辆数的目标。关于二级VRP，Chen等（2018）针对大型医院组织药物使用安全性和效率共存的问题，设计了一个多级配送网络，使用多级粒子群优化方法对药物配送的路径进行多层次优化。在二级VRP的基础上，Dai等（2018）进行了三级和四级VRP的拓展研究。

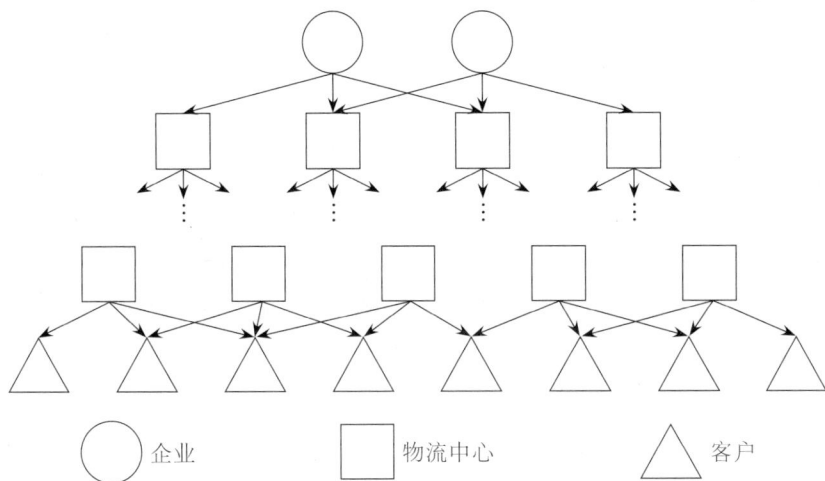

○ 企业　　□ 物流中心　　△ 客户

图 2-5　多级 VRP

（7）多目标 VRP

经典 VRP 一般只存在一个目标，也就是使车辆的总行驶距离最小或者参与运输的车辆数最少等。然而实际情况往往会更加复杂，多目标 VRP（Multi-objective Vehicle Routing Problem，MOVRP）与实际需求更加接近。目前研究中，成果较多的是双目标车辆路径问题（戚远航等，2018）。例如，陈希琼等（2016）设计的目标函数由运输成本和各路径间的平衡两部分构成。李嫚嫚等（2018）设计的目标函数由最大化客户满意度和最小化配送成本两部分构成。Wang 等（2018）则研究了同时考虑车辆数最少、总行驶距离最短、总行驶时间最短、等待时间最短和客户满意度最大共计 5 个目标的 MOVRP。随着经济的持续发展和技术的快速进步，为解决实际问题，对多目标组合问题的研究将会越来越多。

（8）绿色 VRP

绿色 VRP 是在经典车辆路径问题的基础上考虑碳排放量因素，通过制定合理的车辆调度方案，达到最小化运营成本的同时降低碳排放量的目的。影响碳排放的因素有很多，包括运输方式、动力车燃料的类型、油耗效率、车辆类型和运输距离等。Guo 等（2018）仅考虑了车辆的载荷和行驶距离，建立了相应的碳排放模型。Li 等（2018）提出了一个碳排放测算方法，考虑了燃料转化为有害气体的效率和影响油耗更精确的因素：车辆的平均行驶速度、车载量、车辆自重以及道路因素。而Shen 等（2018）和 Qin 等（2019）都通过碳排放交易机制来计算碳排放的成本，根据碳排放的影响因素建立成本模型。Saka 等（2017）以燃料和排放成本、驾驶员成本最小为多目标，建立了成本变动估算模型。随着电动车和绿色新能源替代传统燃料车的使用，在运输任务中使用的车辆类别多样化，混合配送车队的情形将变得十分普遍。

（9）机场接送服务中的车次分配与调度问题

目前，许多大中型城市的航空票务公司都在实施机场接送服务。在该服务的运作过程中，顾客提前一段时间在航空票务公司订票，然后顾客的所有基本信息包括姓名、联系方式、航班号、出港日期和时间等将被一一记录下来。如果顾客还需要机场接送服务，那么他需要指定具体的接送地点。对于顾客的需求，多数情况下票务公司主要考虑顾客到达机场的时间，因为该时间可以由顾客所乘班机的时间来确定。然后对负责机场接送服务的车辆进行统一的安排和调度。基本业务流程如图2-6所示。

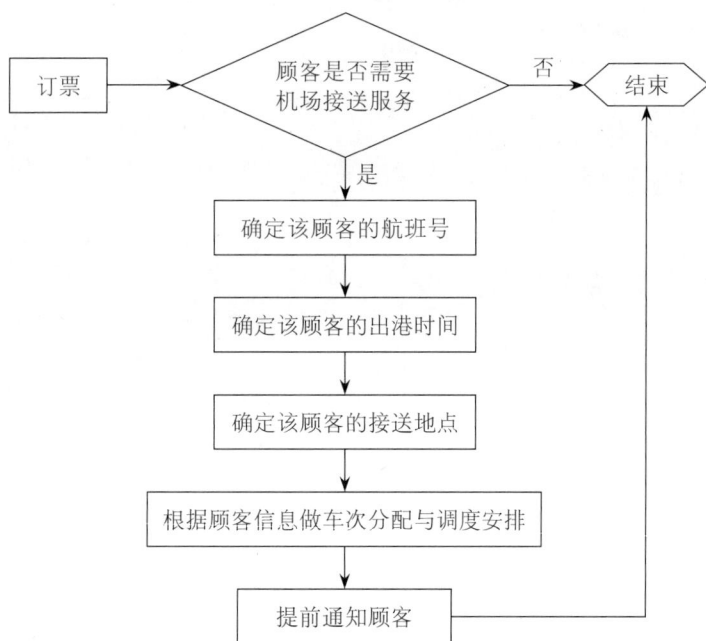

图2-6　机场接送服务业务流程

由上述机场接送服务的分析可知，机场接送服务中的车次分配与调度问题属于车辆路径问题的延伸和应用。不同于问题中服务的对象基本上是货物，它是一种面向民航乘客提供的机场接送服务，与一般 VRP 问题相比，它有以下五个特点：

（1）一般航空公司有办理登机手续的时间限制，顾客不希望到达机场太早或太晚；

（2）顾客分布在一天当中的各个航班上，因此顾客到达机场的时间比较分散；

（3）在接送服务中，车辆会在满足顾客要求和能力约束下，尽可能一次接送更多的顾客，这样会带来绕行问题，顾客希望有车辆绕行的距离约束；

（4）使用接送顾客的小型巴士一般为小轿车，载客量为 4 人；

（5）顾客分布于一个城市的不同区域，地理位置相对分散。

上述特点是本书构建 VASP 模型和算法的基础。

在实施机场接送服务的过程中，涉及准备出港的顾客和航空票务公司。孔媛（2010）以出港顾客和票务公司为主要考虑的对象，在一定顾客满意度下研究了基于最小化成本的车次分配与调度中若干重要的优化问题。杨培颖和唐加福等（2013）针对接送机场服务中以最小碳排放量为目标的车次分配与调度问题，建立了 0–1 混合整数规划模型，并设计了改进的基于时间和地域划分的极线扫描算法。唐加福等（2018）给出了免费接送机场服务的多目标规划模型及算法。

这些优秀的成果为集中通勤接送服务的车次分配与调度问题的研究打下了坚实的基础并提供了积极的借鉴意义。然而，有别于上述实践中的车辆路径问题，本书研究的问题在实践中具有动态多签约单位点、多车协作、多行程车次和问题大规模性的特点，是多种经典车次分配与调度问题模型的有机融合且更为复杂，原有研究已经不能直接应用于该问题的求解，因此对研究提出了更高的要求。

2.4　本章小结

　　本章对论文研究的主要内容所涉及的基础理论进行了简要的介绍，并对研究内容的相关文献和应用领域进行了综述。首先介绍了经典车辆路径问题及其要素，并衍生出车辆路径问题的基本模型；对车辆路径问题的常见求解策略和方法进行了研究总结，接着对实践中具有代表性的车辆路径问题进行比较分析和总结，从算法和模型的研究角度出发，揭示车辆路径问题优化求解方法的演进。通过对相关文献车辆路径问题特点、模型和算法的总结，了解到这些理论方法在应用中的现状，为本书研究建立理论基础。本研究针对集中通勤接送服务实践中亟待解决的一系列科学问题，用科学决策的理论和方法予以解决，以在提高顾客满意度的同时有效减少配送里程和工作时间，吸引越来越多原本自驾通勤的员工享受集中通勤的接送服务，从而提高通勤汽车服务公司的效益和市场竞争力。

3 独立多行程车次下集中通勤接送服务的车次分配与调度问题

3.1 引言

定制通勤班车既满足了城市居民多层次、多元化通勤出行需求，同时对于缓解城市交通拥堵、优化城市通勤出行客运结构、减少环境污染等方面也具有重要意义。但是目前还停留在凭借经验和手工的方式制定车辆的路径和调度计划的阶段，没有利用高速的计算机进行信息搜集和处理，这不仅提高了通勤汽车服务公司的成本，也降低了调度的灵活性。因此，以实际运营方式为优化对象，本章针对独立多行程车次下集中通勤接送服务的车辆路径与调度问题开展研究。独立多行程车次是指车次路径由多个子路径构成，每个子路径的服务只有一个签约单位点，且只接送该签约单位点的顾客，车上不可以同时具有不同签约单位点的顾客，当把顾客送到其签约单位点后，车辆不返回发车点，继续进行其他子路径的服务。本章建立了集中通勤接送服务模式下以最小化运行成本为目标的车辆路径与调度问题的 0-1 整数规划模型，并开发了一种基于动态特征点的启发式算法求解该模型，通过计算实验与分析说明了算法和模型的有效性。

3.2 车次分配与调度的最小化成本模型

3.2.1 问题的描述与假设

通勤汽车服务公司首先通过签约的企事业单位获取要接送服务顾客的基本信息，其中包括需要接送客户点的总数 n 以及每个客户点的人数；客户点及对应单位即签约单位点的地理位置；每个客户点 i 的时间窗 $[f_i, u_i]$，这里用时间窗 $[f_i, u_i]$ 表示客户点 i 到达签约单位点的时间限制范围，即客户点 i 到达签约单位点的时刻必须大于该客户点的时间窗下限 f_i 且小于时间窗上限 u_i；可用车辆的数目 k。然后，通勤汽车服务公司在一个计划期内（某天）根据获得的顾客基本信息，通过合理调度 k 部可用车辆将 n 个客户点的所有顾客都分别送到其对应的签约单位点（即顾客所在的工作单位地点），对所用车辆的车型、每个车次的发车时间、每个车次的行走路径、每条路径需要接送哪些顾客以及接送这些顾客的时间、接到顾客的顺序、送到签约单位点的顺序给出明确的安排，最终达到提高服务质量和降低运输成本的目的。

针对问题的特点和优化目标，本书作出如下假设：

（1）车辆在接送服务过程中只能搭载相同签约单位点的顾客，当把顾客送到其签约单位点后，车辆不返回发车点，继续进行其他签约单位点顾客的接送服务；

（2）集中通勤接送服务的发车点只有一个，但签约单位点有若干个；

（3）任意客户点的顾客数不大于车辆的核定载客量；

（4）车辆在运行过程中匀速行驶；

（5）每部车辆对已经访问过的签约单位点不会再次访问；

（6）车辆是即时服务，不考虑上下车时间；

（7）客户点不可分割，将一个客户点的所有顾客看作一个整体；

（8）每次车次最初均始于发车点，最后返回到发车点；

（9）在同一地理位置具有不同签约单位点的客户点看作不同的客户点。

3.2.2 符号表示

定义 T 表示服务的时间区间；$U = (N, A)$ 是由发车点、客户点、签约单位点和他们之间的连接线路组成的网状结构图。其中：$N = \{0, 1, 2, \cdots, n, n+1, \cdots, n+m\}$ 为节点集合，0 表示发车地点，$N' = \{1, 2, \cdots, n\}$ 为客户点集合，$M = \{n+1, n+2, \cdots, n+m\}$ 为签约单位点集合；$A = \{(i, j), i \in N, j \in N\}$ 为边集；$[f_i, u_i]$ 为客户点 i 对应的到达签约单位点的时间区间；q_i 是客户点 i 的人数；Q 为车辆的核定载客量；s_i^k 为车次 k 到达客户点 i 的时刻；d_{ij} 为车辆在路径 (i, j) 上的行驶距离；t_{ij} 为车辆在路径 (i, j) 上的行驶时间；v 为车辆的行驶速度，$t_{ij} = d_{ij}/v$；$V = \{1, \cdots, k\}$ 为可用车辆构成的集合；c 为单位距离上的车辆的行驶费用；c' 为车辆的一次性启动费用；N_j，$j \in M$ 为所属于签约单位点 j 的所有客户点构成的集合，例如，某个签约单位点为 $n+1$，该单位共有 $i = 60$、$i = 61$、$i = 62$、$i = 63$、$i = 64$ 和 $i = 65$ 的 6 个客户点需要通勤服务，则有 $N_{n+1} = \{60, 61, 62, 63, 64, 65\}$；$N_i'$ 为与客户点 i 具有相同签约单位点的客户点集，例如，上面例子中 $N_i' = \{60, 61, 62, 63, 64, 65\}$，$i = 60, 61, 62, 63, 64, 65$；$y_i$ 为客户点 i 所属的签约单位点；R_i^k 为车次 k 从发车点运行至节点 i 时所经过的所有节点集合；$Z_k \in \{0, 1\}$ 为决策变量，若 $Z_k = 1$ 表示车辆 k 被使用，若 $Z_k = 0$ 表示车辆 k 没有被使用；$x_{ij}^k \in \{0, 1\}$ 为决策变量，若 $x_{ij}^k = 1$ 表示车辆 k 从节点 i 出发直接到达节点 j，否则 $x_{ij}^k = 0$。

3.2.3 模型构建

$$\min \ c \sum_{k \in V} \sum_{i \in N} \sum_{j \in N} d_{ij} x_{ij}^k + c' \sum_{k \in V} Z_k \tag{3.1}$$

（3.1）式表示一个服务周期内所有车辆的总运输成本之和最小，目标函数由两部分构成，一部分是车辆的接送行驶费用，包括车辆产生的油耗等相关费用，另一部分是车辆的固定启动费用。模型的各个约束表示如下：

$$\text{s.t} \sum_{j \in N, \ j \neq i} x_{ij}^k Z_k = Z_k, \ i \in N/\{0\}, \ \forall k \in V \tag{3.2}$$

$$\sum_{k \in V} \sum_{j \in N, \ j \neq i, \ j \neq y_i} x_{ji}^k = 1, \quad i \in N' \tag{3.3}$$

$$\sum_{k \in V} \sum_{j \in N'/N_i'} x_{ij}^k = 0, \quad i \in N' \tag{3.4}$$

$$\sum_{i \in N, \ i \neq 0, \ i \neq j} x_{ij}^k \leqslant 1, \quad \forall k \in V, \ j \in M \tag{3.5}$$

$$\sum_{k \in V} \sum_{i \in N, \ i \neq 0, \ i \neq j} x_{ij}^k \geqslant 1, \quad \forall j \in M \tag{3.6}$$

$$\sum_{j \in N'} x_{0j}^k = Z_k, \quad \forall k \in V \tag{3.7}$$

$$\sum_{i \in M} x_{i0}^k = Z_k, \quad \forall k \in V \tag{3.8}$$

$$\sum_{i \in N} x_{ij}^k \leqslant \sum_{i \in N} x_{iy_j}^k, \quad \forall k \in V, \ \forall j \in N' \tag{3.9}$$

$$\sum_{j \in N_m} \sum_{i \in N} x_{ij}^k \geqslant \sum_{i \in N} x_{im}^k, \quad \forall k \in V, \ \forall m \in M \tag{3.10}$$

$$s_j^k - s_i^k \geqslant t_{ij} - \lambda\left(1 - x_{ij}^k\right), \quad \forall (i, \ j) \in A, \ \forall k \in V \tag{3.11}$$

$$s_j^k - s_i^k \leqslant t_{ij} + \lambda\left(1 - x_{ij}^k\right), \quad \forall (i, \ j) \in A, \ \forall k \in V \tag{3.12}$$

$$s_{N_i}^k \geqslant f_i, \quad \forall k \in V, \ i \in N' \tag{3.13}$$

$$s_{N_i}^k \geqslant u_i, \quad \forall k \in V, \ i \in N' \tag{3.14}$$

$$x_{lm}^k \geqslant -\lambda\left(1 - x_{ij}^k\right), \quad \forall k \in V, \ j \in M, \ \forall m \in N_j, \ l \in N \tag{3.15}$$

$$x_{lm}^k \leqslant \lambda\left(1 - x_{ij}^k\right), \quad \forall k \in V, \ j \in M, \ \forall m \in N_j, \ l \in N \tag{3.16}$$

$$\sum_{j \in R_i^k} f(q_j) \leqslant Q, \quad i \in N' \text{其中} \tag{3.17}$$

$$f(q_j) = \begin{cases} -\sum_{l \in \Omega_j} q_{li}, & j \in M, \quad \Omega_j = R_j^k \cap N_j \\ q_j, & j \in N' \end{cases}$$

$$x_{ij}^k \leqslant Z_k, \quad \forall (i, j) \in A, \ k \in V \tag{3.18}$$

$$Z_k \in \{0, 1\}, \quad k \in V \tag{3.19}$$

$$x_{ij}^k \in \{0, 1\}, \quad i \in N, \ j \in N, \ k \in V \tag{3.20}$$

目标函数（3.1）式表示一个计划周期内所有使用车辆 $k \in V$ 接送顾客而产生的运输成本之和最小，其中 c 为车辆在单位距离上的行驶费用，c' 为车辆的一次性启动费用。在车辆运行过程中，当车辆访问到某个节点 i 后（发车点除外），此时要继续进行服务，即必须对下一个节点进行访问并且每次仅能访问一个节点，这个约束可以表示为（3.2）式。（3.3）式保证对于任意一个客户点，有且仅有一部车辆访问该客户点，并且车辆没有访问过该客户点的签约单位点。（3.4）式保证了车辆在一个行程车次的服务中不会接送其他单位的客户点，即仅接送同一个签约单位的顾客，满足假设（1）。（3.5）式保证了任意签约单位点被同一部车辆至多访问一次。（3.6）式保证了任意签约单位点至少会被某车辆访问一次。（3.7）式和（3.8）式保证任意车次的路径均起于发车点，止于发车点，并且回到发车点之前的最后一个节点是某签约单位点。（3.9）式和（3.10）式表示保证每个车次将自己搭载过的顾客都送到其所对应签约单位点，且车辆不会访问到没有搭载过的顾客所对应的签约单位点。由假设（6）可知整个服务过程是即时服务，不考虑上下车时间，假设没有延时和等待。设 λ 是一个很大的正整数，s_i^k 表示车次 k 抵达客户点 i 的时间，由假设可知客户点 i 的抵达时间即是在客户点 i 开始服务的时间，车次 k 满足即时服务可以表示为（3.11）式和（3.12）式。（3.13）式和（3.14）式是顾客到达签约单位点的时间窗约束。（3.15）式和（3.16）式表示当某车次访问过一个签约单位点后，不再接送这个签约单位点所包含的客户点。当 $x_{ij}^k = 1$，表达式 $-\lambda\left(1 - x_{ij}^k\right) \leqslant x_{lm}^k \leqslant \lambda\left(1 - x_{ij}^k\right)$ 变成 $0 \leqslant x_{lm}^k \leqslant 0$，从而 $x_{lm}^k = 0$，这说明车次 k 不会从任何一个节点 l 出发到达客户点 m，这里的 m 是被访问过的签约单位点 j 所包含的客户点，保证了车次不会访问到已到达过的签约单位点所包含的客户点；对于车次 k 没有访问过的签约单位点 j，即 $x_{ij}^k = 0$，此时 $-\lambda\left(1 - x_{ij}^k\right) \leqslant x_{lm}^k \leqslant \lambda\left(1 - x_{ij}^k\right)$ 变成 $-\lambda \leqslant x_{lm}^k \leqslant \lambda$，自然成立，也就是说没有约束，这样车次对没有访问过的签约单位点 j 所包含的客户点可以进行访问。（3.17）式是集中通勤模式下所特有的车辆容量约束，因为集中通勤模式下的车辆路径问题具有多行程车次的特征，车辆在客户点处载客量增加，增加量为该客户点的顾客人数，而签约单位点载客量减少，减少量为该车次上以签约单位点 j 为目标地点的所有客户点的顾客数之和。该式表示车辆从发车点到节点 i 的这段路径中所有节点载客量累计的代数并保证小于车辆的最大运输能力。（3.18）式是决策变量之间的逻辑关系。（3.19）式和（3.20）式是决策变量的取值范围。

3.3　基于动态特征点的启发式算法

VRSPTW 是 NP-hard 问题，利用优化软件通常只能求得小规模问题的最优解。由于集中通勤车次分配与调度问题可归结为经典的 VRSPTW 问题的拓展问题且更为复杂，加之问题的大规模性，计算和求解就变得更加困难，在可以接受的时间范围内精确求解是不可能的。因此，学者们通常采用启发式方法求解。由 Clarke 和 Wright（1964）提出的节约算法（C-W）是用来构造运输车辆路径最著名的启发式算法，其核心思想是依据每次合并后使总行驶距离减小的幅度最大的原则，依次将车辆行驶中的两个回路合并为一个回路，路径由 S1 合并为 S2 后的节约距离如图 3-1 所示。

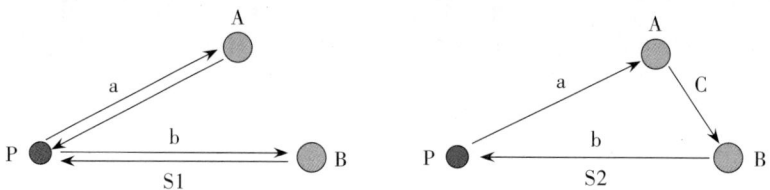

图 3-1　节约里程示意图

在独立多行程环境下，车次 k 的节约里程公式为：

$$(d_{0A} + d_{AP} + d_{P0}) + (d_{0B} + d_{BP} + d_{P0}) - (d_{0A} + d_{AB} + d_{BP} + d_{P0}) \tag{3.21}$$

其中，0 表示发车点，P 表示客户点 A 和 B 所属的签约单位点，$(d_{0A} + d_{AP} + d_{P0})$ 表示路径 $0 \rightarrow A \rightarrow P \rightarrow 0$ 的距离，其余表达式含义相

同。但以上节点 B 不是客户点时，（3.21）式将不再适用。例如，P 为签约单位点且其包含的客户点集合为{B，C，D，E}，则在运用式（3.21）将节点 P 加入回路时，无法确定客户点的选择。这是因为签约单位点 P 包含了四个客户点{B，C，D，E}，且无法确定是其中的哪一个点。即对于路径 0 → α → P → 0，无法确定 α，导致传统的节约算法失效。基于以上分析，传统的节约算法不能直接用于集中通勤模式下车辆路径的构造。为此，本书引入动态特征点，使得节约算法适用于集中通勤车次分配与调度问题的求解。

3.3.1 动态特征点的构造

根据问题的特征，针对路径 $i \to P$，$i \in N'$构造特征点的计算公式。设 M 为签约单位点集合，N′为客户点集合。

对于路径 $i \to P$，$i \in N'$，特征点坐标为：

$$e_P(x, y) = \sum_{j=1}^{N} \omega_j j(x, y), \quad j \in N_P \cap V_p \tag{3.22}$$

其中

$$\omega_j = \frac{(1 - d_{ij}/\sum_{j=1}^{N} d_{ij})}{\sum_{i=1}^{N}(1 - d_{ij}/\sum_{j=1}^{N} d_{ij})}$$

V_p 为该车次当前所服务的客户点，e 代替相应的客户点，$N_m \cap V_p$ 中所有点为顶点构成封闭图形的中心作为签约单位点 p 的特征点，可以有效地反映出这些客户点的平均地理位置。当得到特征点 e 后，用 e 来代表签约单位点所对应的客户点，得到车次 k 的节约里程为：

$$(d_{0i} + d_{iP} + d_{P0}) + (d_{0e_P} + d_{e_P P} + d_{P0}) - (d_{0e_P} + d_{e_P i} + d_{iP} + d_{P0}) \tag{3.23}$$

3.3.2 启发式算法

依据上述分析及特征点的设计，本书设计一种基于特征点的启发式算法求解集中通勤车次分配与调度模型，其基本步骤见表 3-1：

表 3-1 基于特征点的启发式算法步骤

Step 0. 输入客户点合集 N'，签约单位点集合 M

Step 1. 利用公式（3.21）计算节约里程，构造节约矩阵 $A = (a_{ij})_{N'N'}$，$i \in N'$，$j \in N'$。其中，当 $i = j$ 时，显然这是不可能的连接路径，所以令 $a_{ij} = 0$；取车次 $k = 1$

Step 2. 对于车次 k，以发车点为中心，选取距发车点距离最短且没有被服务过的客户点作为该车次 k 的首个接送客户点 i，并令此 k 个客户点构成的集合为 Ω。

Step 3. 令 $L = N'/\Omega$，$L_i = N'/\Omega$

Step 4. 若 $L = \phi$，转 Step 11

Step 5. 若 $L_k = \phi$，则停止车次 k 的路径构造，$k = k + 1$，转 Step 2

Step 6. 若所有车次均停止了构造路径，转 Step 12

Step 7. 搜索车次 k 的下一个节点 i'，这里 i 车次的当前节点 i，$i \in L_k$。从当前的节点开始：对于 $i' \in L_k \cap N'_i$，根据节约矩阵 $A = (a_{ij})_{N'N'}$ 获得节约里程。对于 $i' \in M$，首先利用公式（3.22）计算动态特征点，再根据公式（3.23）获得节约里程。基于加入各节点后的节约里程，进行顺序搜索以获得下一个节点，使得每次合并后的节约里程最大。每次搜索都是以车辆当前所在的节点作为起始节点，再去搜索下一个节点作为随后的访问对象

Step 8. 利用顺序插入法构造该车次的即时回程路径，即在该车次不再添加新的客户点的情况下，将车辆上的顾客都送到目的地再返回发车点

Step 9. 计算该车次的运输距离，检查车辆容量和每个顾客的时间窗约束。对于 $i' \in N'_i$，若满足约束条件，令 $i = i'$，$L = L/\{i\}$，$L_k = L_k/\{i\}$，转 Step 10。否则令 $L_k = L_k/\{i'\}$，转 Step 4，继续搜索除该节点以外的其他节点。对于 $i' \in M$，若满足约束条件，令 $i = i'$，选取距离 i 的距离最短且没有被服务过的客户点，作为车次 k 的下一个子路径的首个接送客户点 i'，转 Step 8

Step 10. 利用同样的步骤 Step 4～Step 10，搜索车次 k 的下一个节点，每次搜索只为当前车次添加一个节点

Step 11. 算法结束，输出每个车次所访问的节点及次序

3.4 计算实验与结果分析

3.4.1 实验数据说明

由于集中通勤车次分配与调度问题是源于实际服务行业运作管理的问题，因此本书对通勤汽车服务公司开展调研，调研对象为沈阳××旅游汽车有限公司。该公司是沈阳最大的通勤汽车服务公司之一，其服务

的通勤顾客在上班时间段的分布相对密集，下班时间段的顾客人数相对较少。该公司在时段7：00－8：30有5个单位签约通勤服务，共有1 315人，210个客户点分布在30km×30km的矩形区域内，将其编号为1～210。这5个签约单位具有各自不同的地理位置和时间窗约束；车辆的核定载客人数为47人，车辆启动费为15元，车辆的行驶费用为1.8元/km，假设车辆行驶速度为60km/h；发车点的坐标为（13，12），各签约单位点坐标依次为（8，14）、（17，18）、（17，23）、（19，21）和（5，14）。客户点与签约单位的信息见表3-2。

表3-2 客户点信息

客户点	1	2	3	4	5	6	7	8	9	10
坐标	(28,29)	(14,1)	(9,25)	(3,12)	(2,17)	(27,10)	(11,27)	(14,2)	(17,19)	(0,13)
人数	9	10	3	10	7	3	5	7	10	10
客户点	11	12	13	14	15	16	17	18	19	20
坐标	(9,16)	(4,1)	(6,8)	(28,7)	(15,19)	(11,24)	(0,25)	(9,10)	(17,24)	(12,20)
人数	4	10	10	6	9	4	6	10	9	10
客户点	21	22	23	24	25	26	27	28	29	30
坐标	(20,18)	(21,13)	(17,29)	(12,15)	(22,26)	(28,26)	(10,3)	(30,19)	(5,26)	(22,19)
人数	8	3	9	10	8	7	7	5	7	3
客户点	31	32	33	34	35	36	37	38	39	40
坐标	(10,21)	(7,16)	(16,13)	(23,20)	(30,6)	(13,8)	(25,21)	(18,16)	(24,7)	(18,18)
人数	7	2	4	2	2	8	7	4	9	2
客户点	41	42	43	44	45	46	47	48	49	50
坐标	(5,0)	(28,20)	(30,11)	(16,14)	(28,21)	(18,9)	(2,5)	(8,21)	(30,15)	(30,20)
人数	5	4	7	8	3	5	5	6	7	2
客户点	51	52	53	54	55	56	57	58	59	60
坐标	(22,5)	(30,28)	(6,24)	(4,2)	(1,26)	(5,29)	(8,6)	(25,30)	(30,29)	(9,30)
人数	4	7	7	3	2	5	9	4	6	4
客户点	61	62	63	64	65	66	67	68	69	70
坐标	(21,18)	(21,7)	(6,29)	(9,0)	(21,24)	(19,16)	(22,21)	(9,13)	(26,4)	(27,7)
人数	9	5	7	8	10	11	7	4	4	5

续表

客户点	71	72	73	74	75	76	77	78	79	80
坐标	(5,13)	(15,10)	(24,14)	(13,27)	(22,20)	(2,30)	(11,7)	(11,25)	(8,17)	(2,28)
人数	10	5	9	5	10	5	4	5	8	7
客户点	81	82	83	84	85	86	87	88	89	90
坐标	(10,11)	(28,12)	(4,19)	(3,5)	(18,23)	(4,13)	(11,6)	(3,1)	(6,13)	(15,23)
人数	6	10	8	7	10	5	9	9	6	7
客户点	91	92	93	94	95	96	97	98	99	100
坐标	(13,19)	(3,24)	(6,3)	(20,20)	(21,5)	(20,21)	(21,20)	(26,30)	(15,16)	(1,27)
人数	3	3	6	8	9	3	6	6	2	4
客户点	101	102	103	104	105	106	107	108	109	110
坐标	(23,5)	(5,16)	(29,5)	(27,23)	(24,29)	(25,16)	(9,20)	(3,27)	(27,26)	(10,15)
人数	3	8	4	6	3	7	4	7	7	8
客户点	111	112	113	114	115	116	117	118	119	120
坐标	(5,18)	(3,2)	(7,13)	(22,3)	(16,20)	(26,15)	(12,2)	(1,24)	(6,10)	(14,14)
人数	5	2	3	9	3	9	6	10	2	5
客户点	121	122	123	124	125	126	127	128	129	130
坐标	(22,23)	(30,5)	(13,4)	(5,3)	(16,16)	(21,23)	(15,14)	(3,21)	(8,4)	(0,8)
人数	2	10	2	8	8	11	3	6	5	10
客户点	131	132	133	134	135	136	137	138	139	140
坐标	(19,8)	(8,13)	(20,23)	(14,10)	(24,16)	(16,10)	(28,5)	(12,8)	(30,8)	(18,20)
人数	7	11	4	5	4	4	11	8	8	4
客户点	141	142	143	144	145	146	147	148	149	150
坐标	(22,2)	(3,6)	(18,30)	(25,20)	(29,13)	(4,4)	(14,6)	(27,17)	(7,8)	(18,7)
人数	11	9	6	8	6	3	5	4	4	5

续表

客户点	151	152	153	154	155	156	157	158	159	160
坐标	(20,22)	(15,11)	(25,3)	(28,19)	(5,6)	(14,23)	(18,12)	(29,22)	(0,16)	(14,19)
人数	7	2	10	11	6	6	5	10	5	3
客户点	161	162	163	164	165	166	167	168	169	170
坐标	(17,15)	(19,18)	(8,0)	(0,18)	(19,15)	(16,12)	(7,25)	(13,28)	(19,3)	(25,6)
人数	9	5	4	5	2	3	11	11	7	2
客户点	171	172	173	174	175	176	177	178	179	180
坐标	(12,7)	(5,21)	(26,25)	(21,16)	(28,14)	(12,22)	(15,21)	(15,9)	(22,6)	(24,8)
人数	4	6	10	3	3	4	9	9	9	6
客户点	181	182	183	184	185	186	187	188	189	190
坐标	(1,21)	(20,27)	(26,13)	(18,1)	(17,8)	(5,25)	(13,18)	(3,20)	(3,23)	(1,17)
人数	7	4	9	3	8	3	5	7	8	3
客户点	191	192	193	194	195	196	197	198	199	200
坐标	(0,27)	(20,12)	(16,22)	(9,2)	(9,26)	(4,26)	(13,0)	(7,4)	(7,14)	(0,14)
人数	9	8	6	6	6	5	6	6	8	8
客户点	201	202	203	204	205	206	207	208	209	210
坐标	(25,28)	(1,8)	(2,22)	(18,4)	(24,19)	(19,26)	(1,16)	(5,1)	(10,22)	(5,12)
人数	7	4	7	5	4	8	8	6	6	6

其中，5个签约单位点211~215所包含的客户点分别为：1~59、60~125、126~171、172~188、189~210。

3.4.2 实验结果与分析

实验结果见表3-3。所得的最终调度计划共需17个车次（如图3-2至图3-18所示），行驶总里程数为1 630.7千米，总费用为3 190.3元。整个计算用时为12秒，对于实际运行中的集中通勤车次分配与调度求解，完全符合实时性的要求。

表3-3   车辆路径与调度计划

车次	发车时间 行驶距离	路径
1	6：52 90.6569km	发车点→客户点120→客户点99→客户点85→客户点105→客户点98→客户点109→客户点104→客户点121→客户点65→签约单位点212→客户点162→客户点126→客户点133→客户点143→客户点168→客户点156→客户点151→签约单位点213→发车点
2	6：44 94.3488km	发车点→客户点134→客户点169→客户点141→客户点153→客户点137→客户点139→签约单位点213→客户点193→客户点195→客户点209→签约单位点215→客户点71→客户点86→客户点102→客户点111→客户点107→客户点91→签约单位点212→发车点
3	6：45 89.3314km	发车点→客户点152→客户点170→客户点145→客户点154→客户点158→客户点144→客户点148→客户点135→签约单位点213→客户点90→客户点74→客户点60→客户点63→客户点78→客户点111→签约单位点212→发车点
4	6：48 80.0333km	发车点→客户点72→客户点114→客户点69→客户点103→客户点122→客户点70→客户点82→客户点101→客户点123→签约单位点212→客户点140→签约单位点213→发车点
5	6：47 90.6121km	发车点→客户点127→客户点161→客户点165→客户点157→客户点131→客户点150→客户点147→客户点163→客户点146→客户点155→签约单位点213→客户点177→客户点182→签约单位点214→客户点96→客户点67→客户点75→客户点97→客户点94→签约单位点212→发车点
6	6：45 76.8345km	发车点→客户点166→客户点136→客户点171→客户点129→客户点142→客户点130→客户点159→客户点164→客户点149→签约单位点213→客户点115→签约单位点212→发车点

续表

车次	发车时间 行驶距离	路径
7	6：22 116.4848km	发车点→客户点24→客户点31→客户点3→客户点56→客户点55→客户点17→客户点29→客户点53→客户点7→客户点16→签约单位点211→客户点132→客户点128→客户点167→签约单位点213→客户点176→签约单位点214→客户点61→客户点106→客户点73→客户点66→签约单位点212→发车点
8	6：18 119.7707km	发车点→客户点33→客户点28→客户点50→客户点52→客户点59→客户点1→客户点58→客户点26→客户点34→签约单位点211→客户点199→客户点207→客户点190→客户点200→客户点203→客户点189→签约单位点215→客户点89→客户点113→客户点119→客户点68→客户点110→签约单位点212→发车点
9	6：46 83.8349km	发车点→客户点81→客户点84→客户点112→客户点88→客户点124→客户点93→客户点64→客户点117→签约单位点212→客户点160→签约单位点213→客户点187→客户点174→签约单位点214→发车点
10	6：18 120.5489km	发车点→客户点44→客户点45→客户点42→客户点49→客户点43→客户点35→客户点14→客户点6→客户点39→客户点51→客户点40→签约单位点211→客户点79→客户点118→客户点100→客户点80→客户点76→客户点108→客户点92→客户点83→签约单位点212→发车点
11	6：33 103.9730km	发车点→客户点178→客户点184→客户点179→客户点180→客户点175→客户点183→客户点173→签约单位点214→客户点9→客户点15→客户点20→客户点32→签约单位点211→客户点210→签约单位点215→客户点77→客户点87→客户点125→签约单位点212→发车点
12	6：18 101.9850km	发车点→客户点36→客户点2→客户点8→客户点27→客户点41→客户点12→客户点54→客户点47→客户点211→客户点138→签约单位点213→客户点206→客户点205→签约单位点215→发车点

续表

车次	发车时间 行驶距离	路径
13	6：21 98.8185km	发车点→客户点18→客户点13→客户点10→客户点5→客户点4→签约单位点211→客户点172→客户点186→客户点181→客户点188→签约单位点214→客户点192→签约单位点215→发车点
14	6：22 96.0050km	发车点→客户点11→客户点48→客户点23→客户点25→客户点37→客户点30→客户点21→客户点38→签约单位点211→客户点202→客户点208→客户点194→客户点198→签约单位点215→发车点
15	6：31 106.8464km	发车点→客户点185→签约单位点214→客户点19→签约单位点211→客户点196→客户点191→签约单位点215→客户点62→客户点95→签约单位点212→发车点
16	6：12 107.9873km	发车点→客户点46→客户点22→客户点57→签约单位点211→客户点204→客户点197→签约单位点215→客户点116→签约单位点212→发车点
17	5：55 52.6593km	发车点→客户点201→签约单位点215→发车点

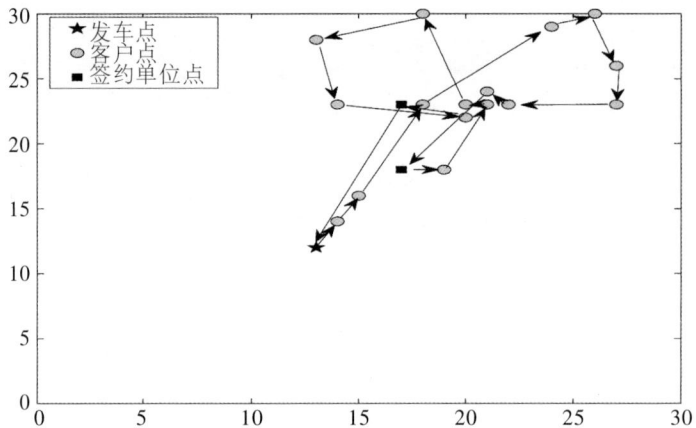

图 3-2 车次 1 的路径示意图

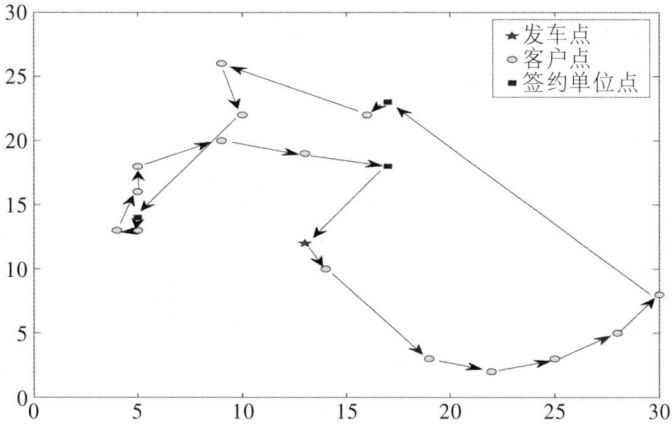

图 3-3　车次 2 的路径示意图

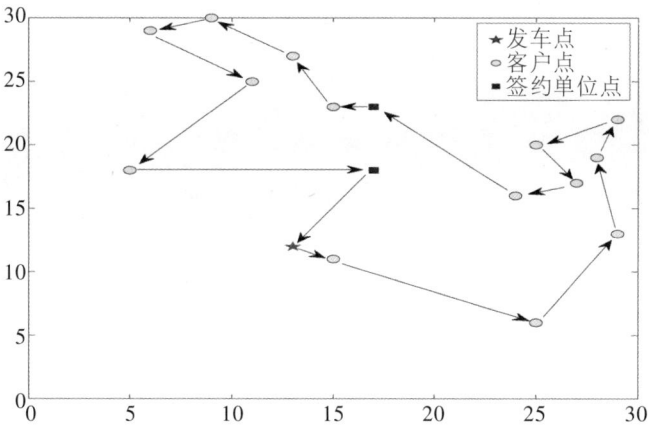

图 3-4　车次 3 的路径示意图

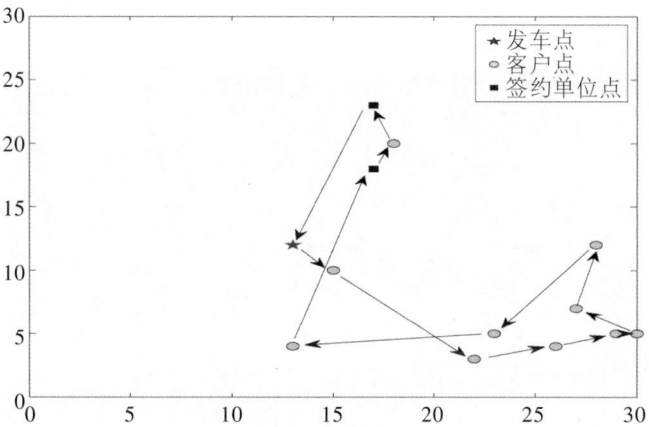

图 3-5　车次 4 的路径示意图

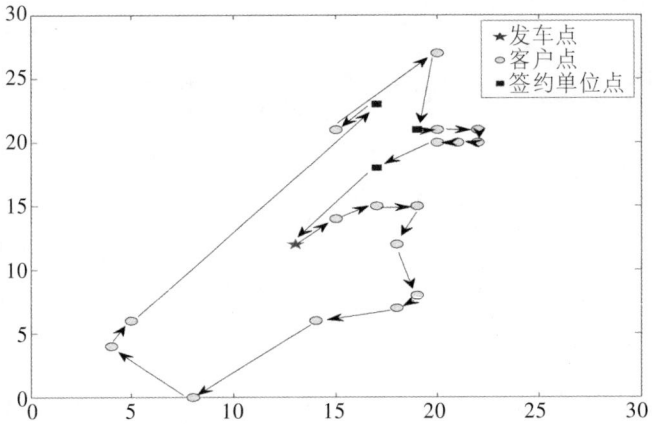

图 3-6 车次 5 的路径示意图

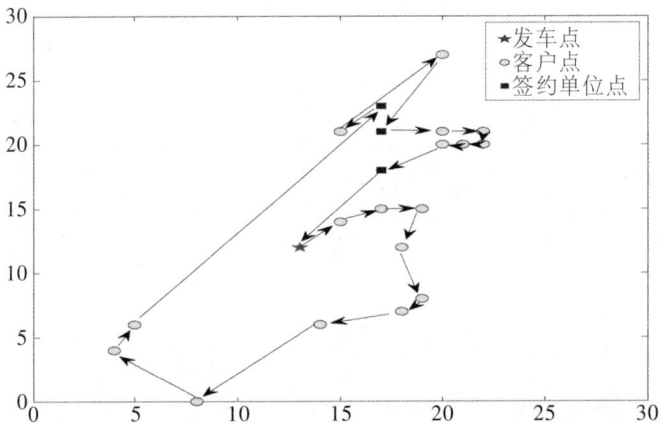

图 3-7 车次 6 的路径示意图

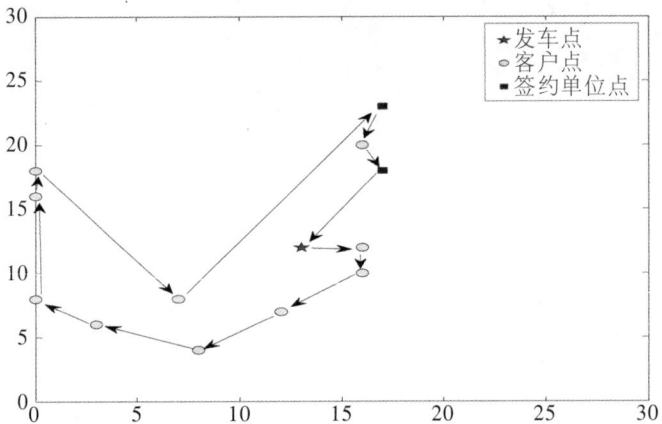

图 3-8 车次 7 的路径示意图

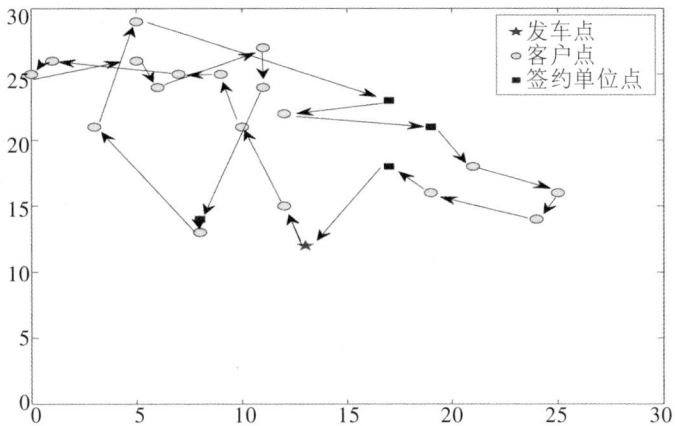

图 3-9　车次 8 的路径示意图

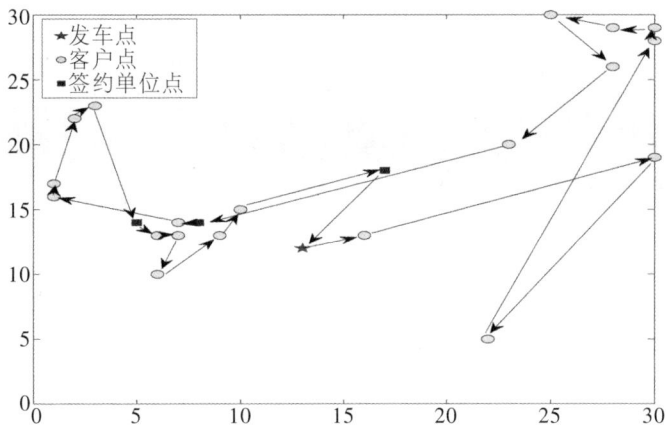

图 3-10　车次 9 的路径示意图

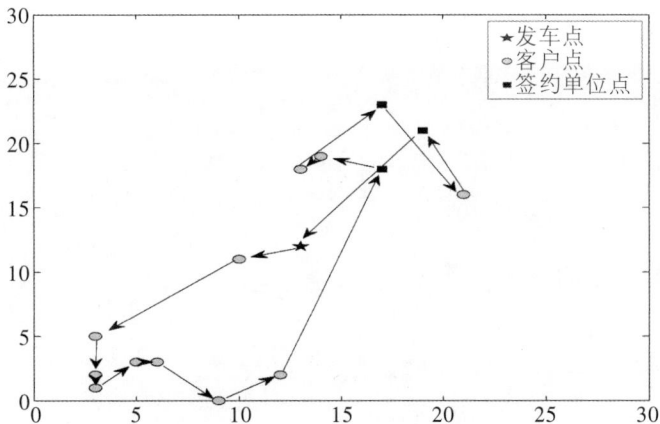

图 3-11　车次 10 的路径示意图

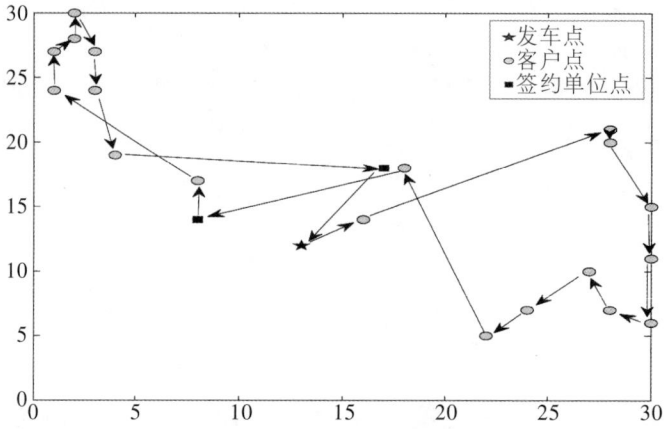

图 3-12　车次 11 的路径示意图

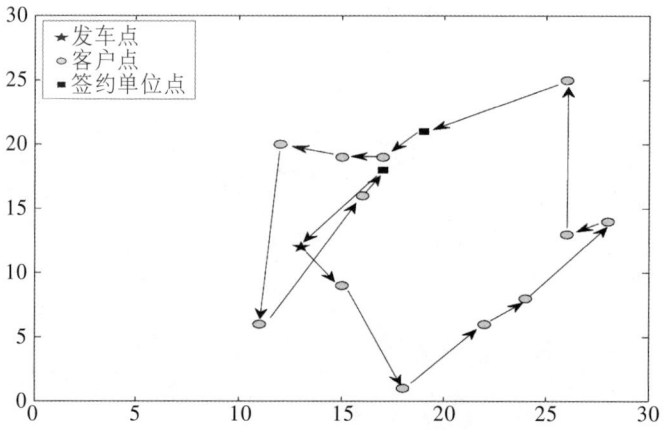

图 3-13　车次 12 的路径示意图

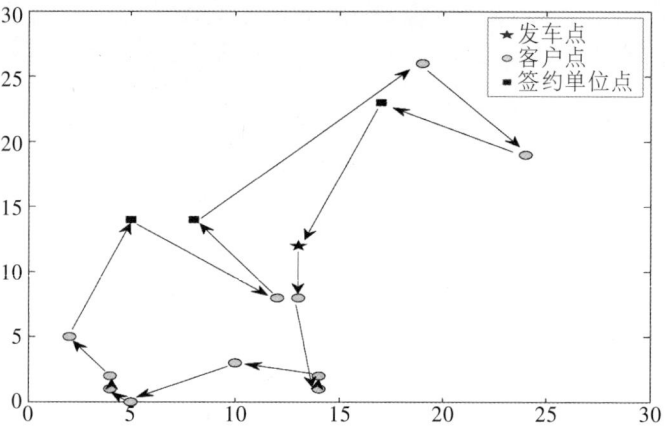

图 3-14　车次 13 的路径示意图

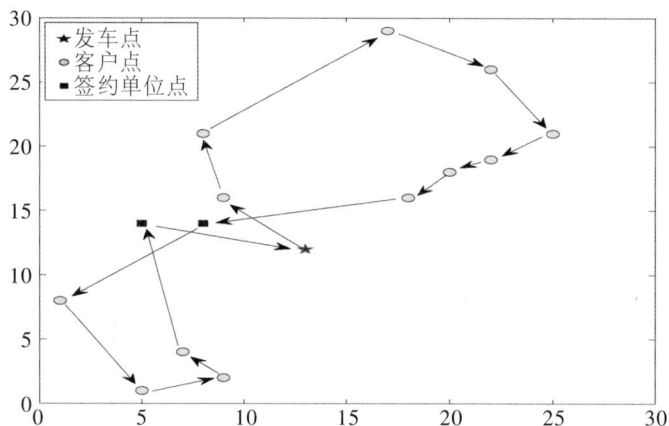

图 3-15　车次 14 的路径示意图

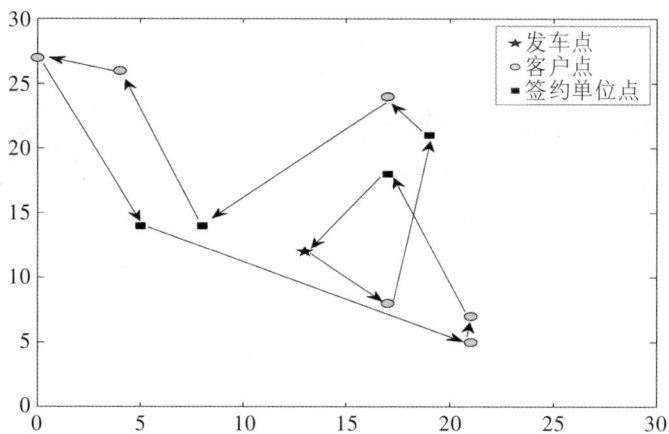

图 3-16　车次 15 的路径示意图

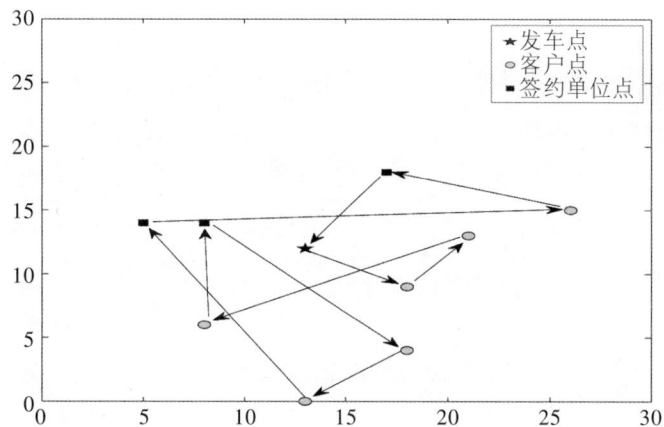

图 3-17　车次 16 的路径示意图

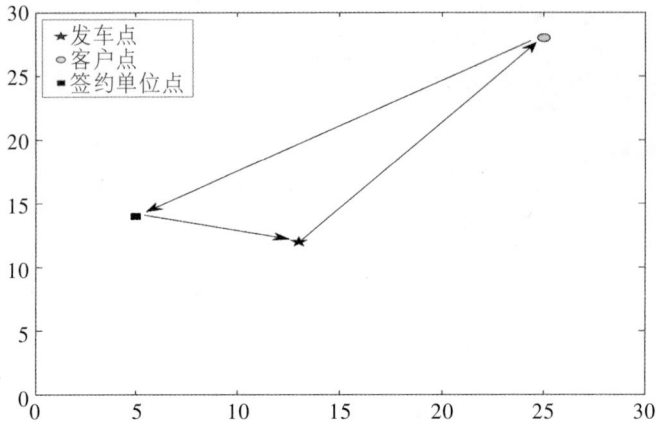

图 3-18 车次 17 的路径示意图

　　观察表 3-2 中各车次的路径不难发现：（1）除了车次 17，其余都具有多个签约单位点的特征事实。例如，车次 1 访问过的签约单位点为 212、213，车次 2 访问过的签约单位点为 213、215 和 212。车次具有多个签约单位点，且在计算前是无法确定的，这是集中通勤车次分配与调度问题不同于传统 VRSP 问题的特征之一。（2）每个签约单位的顾客都是由多车协作提供服务的。例如，签约单位 1 所包含的客户点是由车次 7、8、10、11、13、14、15 和 16 共同协作完成接送服务，签约单位 2 所包含的客户点是由车次 1、2、3、4、5、6、7、8、9、10、11、15 和 16 共同协作完成接送服务。（3）车次具有多行程的特征事实。车次路径由多个子路径构成，每个子路径的服务只有一个签约单位点，且只接送该签约单位点的顾客，车上不可以同时具有不同签约单位点的顾客，当把顾客送到其签约单位点后，车辆不返回到发车点，继续进行其他子路径的服务。例如，当车次 1 访问过签约单位点 212 之前，车上只含有该签约单位所包含的客户点。当访问过签约单位点 212 之后，车辆没有返回发车点而是继续接送签约单位 3 的顾客。以上的特征事实是集中通勤车次分配与调度问题相较于传统的车次分配与调度问题的不同之处，也是其复杂性的集中体现。

3.5 结论

本章从最小化运输成本的视角对集中通勤车次分配与调度问题进行了深入的研究，建立了以最小化运行成本为目标的车次分配与调度问题的0-1整数规划模型，鉴于该问题自身的特点和复杂性，设计并开发了一种基于特征点的启发式算法求解该模型，得到如下结论：

（1）本章建立的集中通勤车次分配与调度模型以及设计开发的启发式算法，对于集中通勤车次分配与调度问题的求解是有效和可行的。其中特征点的引入使得节约算法可以应用到集中通勤车次分配与调度问题中去，是对经典节约算法的一种推进和泛化，使其可以应用到更广泛的背景中去。

（2）某些车次的回程效率有待提高。回程效率的高低主要取决于实际问题中签约单位点与发车点的位置关系，建议汽车公司对回程效率不高的车辆再安排一些恰当的其他任务，以提高运行效率。

（3）相比于其他车次，极个别车次的绕行距离较长，这是本书今后要努力解决的问题之一。

4 联合多行程车次下集中通勤接送服务的车次分配与调度问题

4.1 引言

第3章研究的是独立多行程车次下的车辆路径与调度问题，每个子路径的服务只有一个签约单位点，且只接送该签约单位点的顾客，车上不可以同时具有不同签约单位点的顾客。然而，在实际运营中，为了提高运行效率、节约成本，车上可以同时具有不同签约单位点的顾客，当把顾客送到某一签约单位点后，车辆不返回发车点，继续进行其他签约单位点的接送服务。本章放宽了独立多行程车次的约束条件，允许车上可以同时具有不同签约单位点的顾客，当把顾客送到某一签约单位点后，车辆不返回发车点，继续进行其他签约单位点的接送服务。本章研究了更接近实际也更加复杂的联合多行程车次问题，建立了以降低运行成本为目标的车辆路径与调度问题的0-1整数规划模型。根据该问题自身的特点和复杂性，开发了一种基于特征点的节约–遗传混合启发式算法，并且进行了仿真实验和分析，揭示了模型和算法的管理意义。

4.2 问题描述与假设

车辆路径问题是指一定数量的客户，各自有不同数量的货物需求，配送中心向客户提供货物，由一个车队负责分送货物，组织适当的行车路径，目标是使客户的需求得到满足，并能在一定的约束下，达到诸如路程最短、成本最小、耗费时间最少等目的。如果顾客对配送有一定的时间限制，即要在一定的时间窗内完成运输配送，则问题被称为带时间窗的车辆调度问题。车辆路径问题自提出以来，一直是网络优化问题中最基本的问题之一，由于其应用的广泛性和经济上的重大价值，一直受到国内外学者的广泛关注。

4.2.1 问题的描述

集中通勤接送服务的车次分配与调度问题可以描述为：通勤汽车服务公司首先通过签约的企事业单位获取要接送服务顾客的基本信息，其中包括需要接送客户点的总数 n 以及每个客户点的人数；客户点及对应单位即签约单位点的地理位置；每个客户点 i 的时间窗 $[f_i, u_i]$，这里用时间窗 $[f_i, u_i]$ 表示客户点 i 到达签约单位点的时间限制范围，即客户点 i 到达签约单位点的时刻必须大于该客户点的时间窗下限 f_i 且小于时间窗上限 u_i；可用车辆的数目 k。然后，通勤汽车服务公司在一个计划期内（某天）根据获得的顾客基本信息，通过合理调度 k 部可用车辆将 n 个客户点的所有顾客都分别送到其对应的签约单位点（即顾客所在的工作单位地点），对所用车辆的车型、每个车次的发车时间、每个车次的行走路径、每条路径需要接送哪些顾客以及接送这些顾客的时间、接到顾客的顺序、送到抵达地的顺序给出明确的安排，最终达到提高服务质量和降低运输成本的目的。

从集中通勤接送服务过程可以看出，该问题具有以下约束：客户点

i 到达对应签约单位点的时刻要在给定的时间窗内；每个车次接送顾客过程中的所载顾客数量最大时刻的载客量不超过其运载能力；任意客户点都被一个车次服务且仅被服务一次；任意的车次对每个签约单位点至多只访问一次；每个签约单位点至少要被某个车次访问一次；每个车次必须访问到其所搭载的每个顾客的签约单位点；每部车辆均不会访问到其没有搭载的顾客所对应的签约单位点；上班时车辆始于通勤汽车服务公司，经过若干次连续接送顾客，最后从某个签约单位点返回通勤公司，完成服务；每部车辆在到达某个签约单位点后，不返回通勤公司而直接进行下一个运输任务去接送其他的顾客，进行无返回的多行程车次服务，直到所有顾客都到达签约单位点。

基于以上描述，集中通勤模式下的路径优化问题是车次分配与调度问题的一个拓展问题，有别于传统的通勤运输问题，它是以通勤汽车服务公司为主体的以签约单位员工为配送对象的一种新型交通运作模式与理念，比传统的车次分配与调度问题更为复杂，这种复杂性主要体现在：接送的顾客具有不同签约单位点的复杂性；车辆运行过程具有多行程、多车协作的复杂性；集中通勤接送服务过程中顾客数量庞大；集中模式下车次分配与调度问题模型的构建与求解的复杂性。

4.2.2　问题的假设

针对问题的特点和优化目标，本书作如下假设：

（1）集中通勤接送服务的发车点只有一个，但签约单位点有若干个；

（2）任意客户点的顾客数不大于车辆的核定载客量；

（3）车辆在运行过程中匀速行驶；

（4）每部车辆对已经访问过的签约单位点不会再次访问；

（5）车辆是即时服务，不考虑上下车时间；

（6）客户点不可分割，将一个客户点的所有顾客看作一个整体；

（7）每次车次最初均始于发车点，最后返回到发车点；

（8）在同一地理位置具有不同签约单位点的客户点看作不同的客户点。

4.3　模型的构建

4.3.1　符号表示

设 T 为服务的时间区间；$U = (N, A)$ 是由发车点、客户点、目标抵达地和他们之间的连接线路组成的网状结构图。其中：$N = \{0\} \cup N' \cup M$ 为节点集合，0 表示发车地点即通勤汽车服务公司，$N' = \{1, 2, \cdots, n\}$ 为客户点集合，$M = \{n+1, n+2, \cdots, n+m\}$ 为目标抵达地集合；$A = \{(i, j), i \in N, j \in N\}$ 为边集；时间窗 $[f_i, u_i]$ 为客户点 $i(i \in N')$ 对应的达到目标抵达地的时间限制范围；q_i 为客户点 i 的人数；Q 为单个车辆的核定载客人数；s_i^k 为车次 k 到达客户点 i 的时刻；d_{ij} 为车辆在路径 (i, j) 上的行驶距离；t_{ij} 为车辆在路径 (i, j) 上的行驶时间；v 为车辆的行驶速度，则有 $t_{ij} = d_{ij}/v$；$V = \{1, 2, \cdots, k\}$ 是车辆的集合；c 为车辆在单位距离上的行驶费用，c' 为车辆的一次性启动费用；N_j，$j \in M$ 为以 j 为目标抵达地的客户点集，例如，某签约单位通勤员工的目标抵达地为 $n+1$，现该单位共有 $i = 3$、$i = 5$ 和 $i = 6$ 共 3 个客户点需要通勤接送服务，则有 $N_{n+1} = \{3, 5, 6\}$；y_i 为客户点 i 所属的签约单位点；R_i^k 为车次 k 从发车点运行至节点 i 时所经过的所有节点集合；$Z_k \in \{0, 1\}$ 为决策变量，若 $Z_k = 1$ 表示车辆 k 被使用，则 $Z_k = 0$ 表示车辆 k 没有被使用；$x_{ij}^k \in \{0, 1\}$ 为决策变量，若 $x_{ij}^k = 1$ 表示车辆 k 从节点 i 出发直接到达节点 j，否则 $x_{ij}^k = 0$。

4.3.2　模型描述

集中通勤模式下的车次分配与调度问题是通勤汽车服务公司根据计划期内各签约单位顾客要求接送服务的基本信息（如顾客的地理位置和到达签约单位点的时间限制范围），确定该服务时间段内实际车辆接送顾客的路径、接送顺序和接送时间。通过优化设计得到一套完整的车次配送与调度方案，使得在满足各项约束的前提下，总成本最小，其中总成本包括车辆的行驶费用和一次性启动费用。基于以上叙述，下面对集中通勤接送服务的最小成本化模型开展描述。

通勤汽车服务公司的成本包括行驶费用和固定的车辆启动费用。由以上的符号意义与假设可以得到固定车辆启动费用为 $c' \sum\limits_{k \in V} Z_k$，行驶费用是所有车次行驶过程中产生费用的和，应等于所有车次行驶距离的总和再乘以单位距离上的行驶费用。因此行驶费用可以表示为 $c \sum\limits_{k \in V} \sum\limits_{i \in N} \sum\limits_{j \in N} d_{ij} x_{ij}^k$，其中 $\sum\limits_{k \in V} \sum\limits_{i \in N} \sum\limits_{j \in N} d_{ij} x_{ij}^k$ 表示总行驶距离。若 $x_{ij}^k = 1$，则表示车辆 k 从节点 i 行驶到达节点 j 的距离为 d_{ij}，此时 $d_{ij} x_{ij}^k = d_{ij}$，即节点 i 到节点 j 之间的路程与距离一致。若 $x_{ij}^k = 0$，车辆 k 没有从节点 i 行驶到达节点 j，这段路程为 0，而此时 $d_{ij} x_{ij}^k = 0$ 即节点 i 到节点 j 之间的距离为 0，二者一致。

所以，总运输成本最小的目标函数可表示为：

$$\min \quad c \sum_{k \in V} \sum_{i \in N} \sum_{j \in N} d_{ij} x_{ij}^k + c' \sum_{k \in V} Z_k \tag{4.1}$$

（4.1）式表示一个服务周期内所有车辆的总运输成本之和最小，目标函数由两部分构成，一部分是车辆的接送行驶费用，包括车辆产生的油耗等相关费用；另一部分是车辆的固定启动费用，根据使用车辆的数目进行计算。

集中通勤接送服务的最小成本化模型的各个约束表示如下：

在车辆运行过程中，当车辆访问到某个节点 i（发车点除外）后，此时要继续进行服务，即必须访问下一个节点且每次仅能访问一个节点，这个过程可以表示为：

$$\sum_{j \in N, \, j \neq i} x_{ij}^k Z_k = Z_k, \quad i \in N/\{0\}, \quad \forall k \in V \tag{4.2}$$

由于（4.2）式是若干个 0-1 整数变量的和，当其等于 Z_k，则必有 $x_{ij}^k = 1$，表示车次从某个非发车点 i 出发，对节点 j 进行了访问且仅对一个节点进行访问，这样使得计算持续进行下去。

由于假设（6）客户点是不可分割的，所以每个客户点只能被一个车次访问且必须有车次访问到该客户点，又因为车次访问过某签约单位点后，车次则不能再访问该目标抵达的客户点，否则由于假设

（4）将无法将该客户点的乘客送到签约单位点，所以访问某客户点的车次一定是没有访问过该客户点的签约单位点的车次，则以上约束可以表示为：

$$\sum_{k \in V} \sum_{j \in N, \, j \neq i, \, j \neq y_i} x_{ji}^k = 1, \quad i \in N' \tag{4.3}$$

这里 x_{ji}^k，$i \in N'$ 表示车辆的路径是从节点 j 出发到某个客户点 i，y_i 表示客户点 i 对应的签约单位点，而 $j \neq y_i$ 则表示节点 j 不是客户点 i 的签约单位点，所以 $\sum_{k \in V} \sum_{j \in N, \, j \neq i, \, j \neq y_i} x_{ji}^k = 1$ 表示有且仅有一部车辆对客户点 i 进行访问，其中 $j \neq y_i$ 表示该车次不是来自于访问过该客户点 i 的签约单位点的车次。（4.3）式表示要访问的节点 i 是客户点，当被访问的节点为签约单位点时，下面将给出描述和数学表达式。

根据假设（4）每个车次对访问过的签约单位点不会再次访问，即每个签约单位点被同一个车次至多访问一次，则该约束可以表示为：

$$\sum_{i \in N, \, i \neq 0, \, i \neq j} x_{ij}^k \leqslant 1, \quad \forall k \in V, \, j \in M \tag{4.4}$$

因为 x_{ij}^k 是 0-1 整数变量，所以 $\sum_{i \in N, \, i \neq 0, \, i \neq j} x_{ij}^k \leqslant 1$ 等价于 $\sum_{i \in N, \, i \neq 0, \, i \neq j} x_{ij}^k = 0$ 或 1，即车次 k 对签约单位点 j 要么没有访问，要么仅访问一次。

集中通勤模式下，对每个签约单位的职工提供接送服务，即要把职工送到各自的签约单位点，因此各个签约单位点一定会被某些车次访问到，于是任意签约单位点至少会被某车次访问一次，该约束表示为：

$$\sum_{k \in V} \sum_{i \in N, \, i \neq 0, \, i \neq j} x_{ij}^k \geqslant 1, \quad \forall j \in M \tag{4.5}$$

与（4.4）式相比，（4.5）式在最外层多了求和，表示所有车次访问签约单位点 j 的决策变量的和，于是 $\sum_{k \in V} \sum_{i \in N, \, i \neq 0, \, i \neq j} x_{ij}^k \geqslant 1$ 意味着所有车次访问签约单位点 j 的次数大于或等于一次，即至少访问一次。

根据假设（7）任意车次 k 的路径均始于发车点，止于发车点，最后一对节点的顺序是始于某签约单位点，止于发车点，相应的表达式为：

$$\sum_{j \in N'} x_{0j}^k = \sum_{i \in M} x_{i0}^k = Z_k, \quad \forall k \in V \tag{4.6}$$

（4.6）式既是对假设的数学表达，也是运输过程中实际情况的体现。

车次应将自己搭载过的顾客都送到其对应的签约单位点，则该约束的表达式为：

$$\sum_{i \in N} x_{ij}^k \leq \sum_{i \in N} x_{iy_j}^k, \quad \forall k \in V, \quad \forall j \in N' \tag{4.7}$$

在（4.7）式中，若 $\sum_{i \in N} x_{ij}^k = 1$，表示签约单位点 j 的客户点被访问，且此时必有 $\sum_{i \in N} x_{iy_j}^k = 1$，其含义是该车次会对客户点 j 所属的签约单位点 y_j 进行访问。

车在接送顾客过程中，显然当车次没有搭载过某签约单位点对应的顾客时，则不会访问该签约单位点。

$$\sum_{j \in N_m} \sum_{i \in N} x_{ij}^k \geq \sum_{i \in N} x_{im}^k, \quad \forall k \in V, \quad \forall m \in M \tag{4.8}$$

在（4.8）式中，若 $\sum_{j \in N_m} \sum_{i \in N} x_{ij}^k = 0$，表示车次不会访问属于签约单位点 m 的任何客户点，且此时必有 $\sum_{i \in N} x_{im}^k = 0$，其含义该车次不会访问签约单位点 m。

由假设（5）可知整个服务过程是即时服务，不考虑上下车时间，假设没有延时和等待。设 λ 是一个很大的正整数，s_i 表示车辆抵达客户点 i 的时间，由假设可知客户点 i 的抵达时间即是在客户点 i 开始服务的时间，车次 k 满足即时服务可以表示为：

$$t_{ij} - \lambda\left(1 - x_{ij}^k\right) \leq s_j - s_i \leq t_{ij} + \lambda\left(1 - x_{ij}^k\right), \quad \forall(i, j) \in A, \quad \forall k \in V \tag{4.9}$$

观察（4.9）式：当车次 k 从节点 i 直接到达节点 j 时，$x_{ij}^k = 1$，这样（4.9）式变成 $t_{ij} \leq s_j - s_i \leq t_{ij}$，$\forall(i, j) \in A$，$\forall k \in V$，进而 $t_{ij} = s_j - s_i$，这表示车辆从节点 i 直接到达节点 j 时的行驶时间等于车辆到达节点 j 的时刻减去车辆到达节点 i 的时刻，即车次 k 是即时服务；当车次 k 的路径不包含从节点 i 直接到达节点 j 时，$x_{ij}^k = 0$，这样（4.9）式变成

$t_{ij} - \lambda \leq s_j - s_i \leq t_{ij} + \lambda$，$\forall (i, j) \in A$，$\forall k \in V$，由于 λ 是一个很大的正整数，所以该表达式恒成立，相当于没有这个约束。也就是说，车辆没有经过的路径就没有相应的约束，这当然符合逻辑。

根据假设（4）每个车次不会再次访问已访问过的签约单位点，进一步当车次 k 访问过签约单位点 j 后，不能再接送签约单位点 j 所包含的客户点，否则无法将这些顾客送到签约单位点 j。此约束可以表示为：

$$-\lambda \left(1 - x_{ij}^k \right) \leq x_{lm}^k \leq \lambda \left(1 - x_{ij}^k \right), \quad \forall k \in V, \; j \in M, \; \forall m \in N_j, \; \forall l \in N \qquad (4.10)$$

其中 λ 是一个很大的正整数。观察（4.10）式：当车次 k 从节点 i 直接到达签约单位点 j 时，（4.10）式中的 $x_{ij}^k = 1$，于是 $-\lambda \left(1 - x_{ij}^k \right) \leq x_{lm}^k \leq \lambda \left(1 - x_{ij}^k \right)$ 变成 $0 \leq x_{lm}^k \leq 0$，从而 $x_{lm}^k = 0$，这说明车次 k 不会从任何一个节点 l 出发到达客户点 m，这里的 m 是被访问过的签约单位点 j 所包含的客户点，保证了车次不会访问到已访问过的签约单位点所包含的客户点；对于车次 k 没有访问过的签约单位点 j，即 $x_{ij}^k = 0$，此时 $-\lambda \left(1 - x_{ij}^k \right) \leq x_{lm}^k \leq \lambda \left(1 - x_{ij}^k \right)$ 变成 $-\lambda \leq x_{lm}^k \leq \lambda$，自然成立，即没有约束，这样车次可以访问没有访问过的签约单位点 j 所包含的客户点。

相比于传统车次分配与调度问题，集中通勤模式下的车辆容量约束有所不同。这是因为在集中通勤接送服务过程中，车辆在客户点处接顾客上车，这时车的载客量增加；车辆到达某个签约单位点后有部分顾客下车，这时车的载客量有所减少，为后面继续服务创造了条件。所以集中通勤模式下，车辆到达每个节点 i 时的累计载客量不大于车辆的核定载客人数。

设 q_i 是客户点 i 的人数，则显然在节点 i 处车辆的载客量应增加 q_i；当车次 k 到达的节点 i 为签约单位点时，此时该车上单位 i 所包含的全部顾客要同时下车，即对于同时满足下列两个条件的顾客都要在 i 处下车：被车次 k 访问过和属于签约单位点 i 所包含的客户点。因此，节点 i 处车辆的载客量应等于从发车点到节点 i 的这段路径中所有节点载客量的代数和，其表达式为：

$$\sum_{j \in R_i^k} f(q_j) \leqslant Q, \quad i \in N' \tag{4.11}$$

其中

$$f(q_j) = \begin{cases} -\sum_{l \in \Omega_j} q_l, & j \in M, \quad \Omega_j = R_j^k \cap N_j \\ \\ q_j, & j \in N' \end{cases}$$

综合上面的表述与分析，得到针对集中通勤接送服务中以最短路径为目标的车次分配与调度问题的 0-1 整数规划模型：

$$\min \quad c \sum_{k \in V} \sum_{i \in N} \sum_{j \in N} d_{ij} x_{ij}^k + c' \sum_{k \in V} Z_k \tag{4.12}$$

$$\text{s.t} \sum_{j \in N, \, j \neq i} x_{ij}^k Z_k = Z_k, \quad i \in N/\{0\}, \quad \forall k \in V \tag{4.13}$$

$$\sum_{k \in V} \sum_{j \in N, \, j \neq i, \, j \neq y_i} x_{ji}^k = 1, \quad i \in N' \tag{4.14}$$

$$\sum_{i \in N, \, i \neq 0, \, i \neq j} x_{ij}^k \leqslant 1, \quad \forall k \in V, \, j \in M \tag{4.15}$$

$$\sum_{k \in V} \sum_{i \in N, \, i \neq 0, \, i \neq j} x_{ij}^k \geqslant 1, \quad \forall j \in M \tag{4.16}$$

$$\sum_{j \in N'} x_{0j}^k = Z_k, \quad \forall k \in V \tag{4.17}$$

$$\sum_{i \in M} x_{i0}^k = Z_k, \quad \forall k \in V \tag{4.18}$$

$$\sum_{i \in N} x_{ij}^k \leqslant \sum_{i \in N} x_{iy_i}^k, \quad \forall k \in V, \, \forall j \in N' \tag{4.19}$$

$$\sum_{j \in N_m} \sum_{i \in N} x_{ij}^k \geqslant \sum_{i \in N} x_{im}^k, \quad \forall k \in V, \, \forall m \in M \tag{4.20}$$

$$s_j^k - s_i^k \geqslant t_{ij} - \lambda \left(1 - x_{ij}^k\right), \quad \forall (i, j) \in A, \, \forall k \in V \tag{4.21}$$

$$s_j^k - s_i^k \leqslant t_{ij} + \lambda \left(1 - x_{ij}^k\right), \quad \forall (i, j) \in A, \, \forall k \in V \tag{4.22}$$

$$s_{N_i}^k \geqslant f_i, \quad \forall k \in V, \, i \in N' \tag{4.23}$$

$$s_{N_i}^k \geqslant u_i, \quad \forall k \in V, \, i \in N' \tag{4.24}$$

$$x_{lm}^k \geqslant -\lambda \left(1 - x_{ij}^k\right), \quad \forall k \in V, \, j \in M, \, \forall m \in N_j, \, l \in N \tag{4.25}$$

$$x_{lm}^k \leqslant \lambda \left(1 - x_{ij}^k\right), \quad \forall k \in V, \, j \in M, \, \forall m \in N_j, \, l \in N \tag{4.26}$$

$$\sum_{j \in R_i^k} f(q_j) \leqslant Q, \quad i \in N' \tag{4.27}$$

其中

$$f(q_j) = \begin{cases} -\sum_{i \in \Omega_j} q_i, & j \in M, \quad \Omega_j = R_j^k \cap N_j \\ q_j, & j \in N' \end{cases}$$

$$x_{ij}^k \leq Z_k, \quad \forall (i, j) \in A, \quad k \in V \tag{4.28}$$

$$Z_k \in \{0, 1\}, \quad k \in V \tag{4.29}$$

$$x_{ij}^k \in \{0, 1\}, \quad i \in N, \ j \in N, \ k \in V \tag{4.30}$$

目标函数（4.12）式表示一个计划周期内所有使用车辆 $k \in V$ 接送顾客而产生的运输成本之和最小，其中 c 为车辆在单位距离上的行驶费用，c′ 为车辆的一次性启动费用。在车辆运行过程中，当车辆访问到某个节点 i（发车点除外）后，此时要继续进行服务，即必须访问下一个节点并且每次仅能访问一个节点，这个约束可以表示为（4.13）式。（4.14）式保证对于任意一个客户点，有且仅有一部车辆访问该客户点并且车辆没有访问过该客户点的目标抵达地。（4.15）式保证了任意目标抵达地被同一个车次至多访问一次。（4.16）式保证了任意目标抵达地至少会被某车次访问一次。（4.17）式和（4.18）式保证任意车次的路径均始于发车点，止于发车点，并且回到发车点之前的最后一个节点是某目标抵达地。（4.19）式和（4.20）式表示每个车次将自己搭载过的顾客都送到其所对应的目标抵达地，且车次不会访问到没有搭载过的顾客所对应的目标抵达地。由假设（5）可知整个服务过程是即时服务，不考虑上下车时间，假设没有延时和等待。设 λ 是一个很大的正整数，s_i^k 表示车次 k 抵达客户点 i 的时间，由假设可知客户点 i 的抵达时间即是在客户点 i 开始服务的时间，车次 k 满足即时服务可以表示为（4.21）式和（4.22）式。（4.23）式和（4.24）式是顾客到达目标抵达地的时间窗约束。（4.25）式和（4.26）式保证当某车次访问过一个目标抵达地后，不再接送这个目标抵达地所包含的客户点。当 $x_{ij}^k = 1$，表达式 $-\lambda(1 - x_{ij}^k) \leq x_{lm}^k \leq \lambda(1 - x_{ij}^k)$ 变成 $0 \leq x_{lm}^k \leq 0$，从而 $x_{lm}^k = 0$，这说明车次 k 不会从任何一个节点 l 出发到达客户点 m，这里的 m 是被访问过的签约单位点 j 所包含的客户点，保证了车次不会访问到已到达过的目标抵达地所包含的客户点；对于车次 k 没有访问过的目标抵达地 j，即 $x_{ij}^k = 0$，此时 $-\lambda(1 - x_{ij}^k) \leq x_{lm}^k \leq \lambda(1 - x_{ij}^k)$ 变成 $-\lambda \leq x_{lm}^k \leq \lambda$，自然成立，也就是说，没有约束，这样车次可以访问没有访问过的签约单位点 j 所包含的客户点。（4.27）式是集中通勤模式下所特有的车辆容量约束，因为集中通勤模式下的车辆路径问题具有多行程车次的特征，车辆在客户点处载客量增加，增加量为该客户点的顾客人数，而签约单位点处载客量减少，减少量为该车次上以 j 为目标地点的所有客户点的顾客数之和。该式保证了车辆从发车点到节点 i 的这段路径中所有节点载客量累计的代数和小于车辆的最大运输能力。（4.28）式是决策变量之间的逻辑关系。（4.29）式和（4.30）式是决策变量的取值范围。

4.4 基于特征点的节约–遗传混合启发式算法

模型描述了集中通勤模式下的车次分配与调度问题，其形式是典型的 0–1 整数规划模型，可以归结为经典的带时间窗的车辆路径问题（VRSPTW）的拓展问题。而 VRSPTW 属于 NP-hard 问题，这样对于集中通勤车次分配与调度问题的计算和求解就变得更加复杂和困难。目前求解 VRSP 的方法主要有元启发式算法和经典启发式算法两类。元启发式算法如遗传算法等，虽然具有很好的全局搜索性能，获得的可行解质量较高，但搜索速度比较慢。若直接使用该类元启发式算法进行求解仍需要消耗较多时间，无法满足实时性。因此，现有研究多根据问题具体特点设计新的启发式算法进行求解。但这些启发式方法是作为一种求解手段来对某种具体问题进行求解的，是建立在分析人员对某个具体问题的特点了解的基础上运用洞察力和感知力，以经验和直观推断为基础构造的算法，通常不具有普适性，需要针对具体问题和模型的不同特点，设计相应的启发式算法。由于问题的复杂性，现有经典启发式算法已经不直接用于该问题的求解。

通过对集中通勤车次分配与调度问题和目前求解 VRSP 方法的分析，本书设计开发了基于特征点的节约–遗传混合启发式算法，已达到在合理的时间内得到满意解的目的。该算法由两部分构成：首先对各车次的首个客户点和末位签约单位点这两个关键节点使用遗传算法进行重点搜索；然后再构造这两个关键节点之间的路径，使用基于特征点的节约算法将节点逐个加入到路径中，直到所有的节点都被加入到路径中去。图4-1直观地表明了该算法的结构。

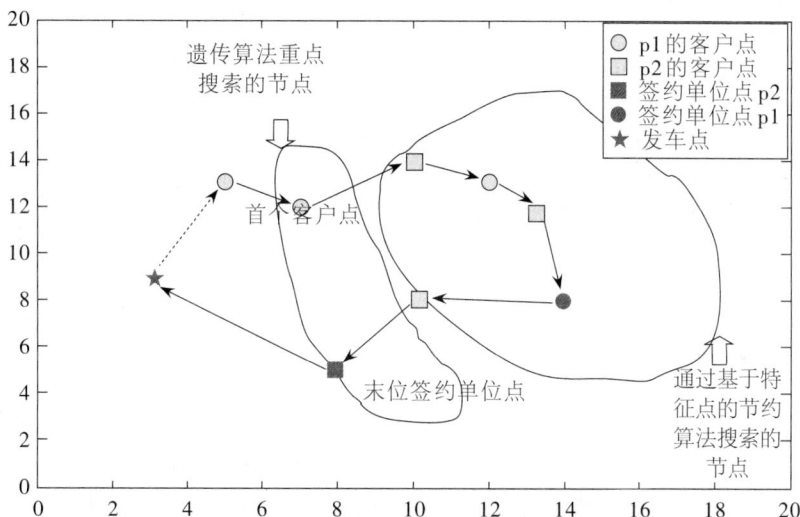

图4-1 基于特征点的节约-遗传混合启发式算法结构图

这样的算法设计既提高了解的质量，又有效地提高了计算速度。下文将详细阐述基于特征点的节约-遗传混合启发式算法。

4.4.1 遗传算法设计

在VRP问题的路径构造算法中，通常认为首个客户点的选择非常重要，这是一个构造路径的关键点。当首个客户点确定后，由于传统通勤的签约单位点只有一个，所以路径的趋势方向也就随之确定了，不同的首个客户点对应了不同的趋势方向。而与传统的通勤问题不同，集中通勤车次分配与调度问题具有多个签约单位点，也就是说，当一个路径中的首个客户点和末位签约单位点都确定时才能得到路径的趋势方向，所以末位签约单位点也是一个关键的节点。基于以上分析，在集中通勤车次分配与调度问题的路径构造算法中，应该重点搜索两个关键的节点（首个客户点和末位签约单位点）。

要重点搜索就要采用具有很好的全局搜索能力的算法，而遗传算法具有群体搜索的能力，有着很好的概率跳出局部最优解，且改进后可以避免丢失最优解，是一种全局优化算法，具有收敛性好、鲁棒性高等特点。但遗传算法通常需要消耗大量的时间，无法实现实时性，所以本书利用遗传算法重点搜索两个关键的节点而不是求解整个路径的所有节点，这样在保证了实时性的同时又提高了算法的全局搜索能力。本书对遗传算法的各环节设计如下：

（1）编码设计

本书对解的编码（染色体）采用实值编码，能够直观表示各节点的选择情况，同时简化了编码和译码的过程。群体中的一个染色体表示一个派车方案中所有车次的首个客户点和末位签约单位点。每个染色体由k个基因构成，其中k为所用车辆数，染色体中每一个基因代表一个车次的首个客户点和末位签约单位点。基因用实数表示，其中实数的整数位表示车次首个客户点对应的节点，小数位代表末位签约单位点对应的节点。编码设计如图4-2所示。

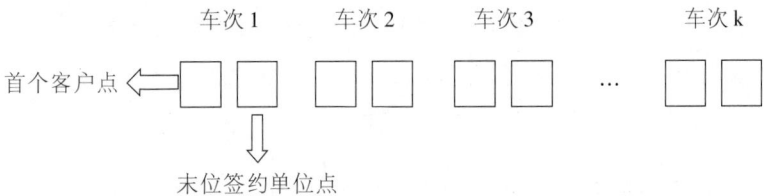

图4-2　实值编码示意图

例如，现有5个单位签约通勤服务，其签约单位点分别用数字41，42，…，45表示；共有40个客户点需要接送服务，分别用1，2，…，40表示；使用的车辆数为4。染色体[6.41，20.43，17.42，26.44]表示：车次1的首个客户点为6，末位签约单位点为41；车次2的首个客户点为20，末位签约单位点为43；以此类推。

（2）初始种群的构造

初始种群就是由若干解组成的一组解。初始群体中的解应该是随机选取，只有随机选取才能在概率上遍历所有状态。但毫无疑问，初始群体的随机选取加大了进化的代数，从而增加了计算时间。于是一些学者提出，应该用其他的一些启发式算法或经验选择一些较好的染色体作为初始群体。因此，本书在随机选取的初始群体中加入10%的特殊解得到初始种群，其中特殊解的构成如下：首个客户点从距离发车点较近的若干个客户点中随机选取；末位签约单位点从时间窗上限较大的若干个签约单位点中随机选取。

（3）适应度函数设计

适应度函数是为了便于比较个体的适应能力，完成选择、交叉、变异、重插操作而设计的函数，适应度函数值（fitness）反映了解的优劣程度。本书将派车方案的总里程数作为适应度函数的表达式，用遗传算法进行优化的过程就是适应度函数求极值的过程。第 π 个个体的适应度函数为：

$$F_\pi = \sum_{k \in V} \sum_{i \in N} \sum_{j \in N} d_{ij} x_{ij} \tag{4.31}$$

其中 x_{ij}^k 为第 π 个派车方案中第 k 个车次的决策变量。显然，F_π 越小表示该派车方案的成本越小，所以适应度函数值越小，解的质量越高。相反，适应度函数值越大，解的质量越差。

（4）选择

选择（Selection）是从规模为 N 的初始种群或当代进化种群中选择 N 个个体，为下一步的交叉操作做准备。这里要求越优秀的个体被选中的次数越多，越差的个体被选中的次数越少或没有被选中，从而保证了种群规模不变。

选择操作的方法有很多种，选择方法的设计关系到遗传算法的过程是否有效。本书采用随机遍历抽样，该方法使用 N 个相等距离的指针，种群被随机排列，在 [0，Sum/N] 范围内产生一个随机数作为指针，其中 Sum 是所有个体适应度值的总和或所有个体期望的选择概率的总和。每个个体由间隔距离相等的 N 个指针来选择，选择适应度值范围在指针位置上的个体。随机遍历抽样可以保证每个个体被选择的次数大于或等于个体预期试验代数的下限且小于或等于个体预期试验代数的上限，因此获得最小的个体扩展。此外，个体完全根据它们在种群中的相对优劣程度来选择，因为随机遍历抽样具有零偏差性。每个个体被选择的概率由（4.32）式给出：

$$F(\pi) = F_\pi / \sum_{\pi=1}^{N} F_\pi \tag{4.32}$$

其中，F_π 为个体 π 的适应度函数值；$F(\pi)$ 为个体 π 被选择的概率。

（5）交叉规则的设计

交叉操作（Crossover）是指在一定的交叉概率下，根据某种方式把两个父代个体的部分结构加以替换重组而生成新个体的操作。通过交叉产生新个体，同时保留进化过程中优秀的基因，使得搜索能力得以提高。交叉规则的设计包括交叉点位的确定和基因交换方式的设计两个方面的内容。本书采用的交叉规则为双亲双子法。这种方法是在两个父代个体确定后，选定一个随机的交叉点位，再将该交叉点位后的所有基因对换，最后得到两个后代。根据编码的设计，交叉点位的选择包括小数点的位置和实数之间的相隔处。示例如图4-3和图4-4所示。

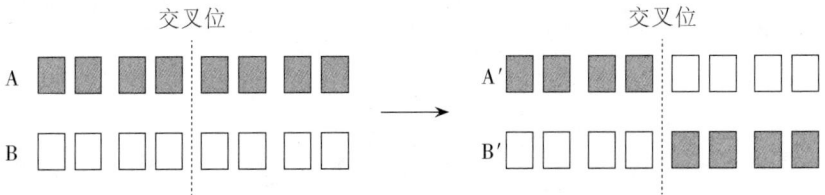

图4-3　交叉点位在实数之间的相隔处的示意图

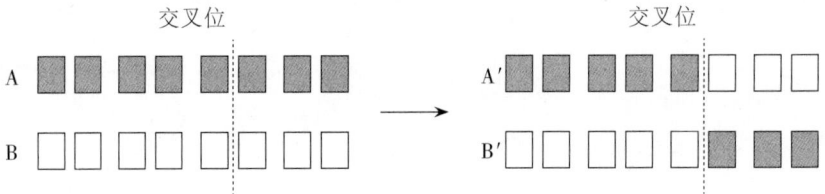

图4-4　交叉点位是小数点位的示意图

（6）变异

变异是指在一个给定的变异概率下（通常较小），改变染色体基因串上的某个或某些取值，例如在二进制编码中把"1"变为"0"或把"0"变为"1"，从而生成新个体。变异位置的选择是一种随机算法，这可以避免因选择和交叉运算而造成的某些信息丢失，一定程度上避免早熟现象，保证种群的多样性。本书采用如下实值种群的变异方式：

例如，现有6个单位签约通勤服务，其签约单位点分别用数字51，52，…，56表示；共有50个客户点需要接送服务，分别用1，2，…，

50表示；使用的车辆数为5。

现有原式种群OldChrom，

$$OldChrom = \begin{bmatrix} 40.53 & 17.51 & 28.55 & 15.51 & 46.56 \\ 12.56 & 13.52 & 13.54 & 9.51 & 37.53 \\ 32.53 & 25.56 & 15.52 & 2.54 & 18.51 \end{bmatrix}$$

定义每个基因的变异边界为：对于每个实数的整数位置，变异值变化范围是在1到50之间，即整数位的数值可能变异为［1，50］内的任意一个数值，且不会超出这个区间；对于每个实数的小数位置，变异值变化范围是在51到56之间，即小数位的数值可能变异为［51，56］内的任意一个数值，且不会超出这个区间。然后指定变异概率为0.02，则表示每一个基因位的数值发生变异的概率为2%。这样变异后得到如下的新种群NewChrom：

$$NewChrom = \begin{bmatrix} 40.53 & 17.51 & 28.55 & 15.51 & 46.51 \\ 17.56 & 13.52 & 13.54 & 9.52 & 37.53 \\ 32.53 & 25.56 & 15.52 & 6.54 & 42.51 \end{bmatrix}$$

（7）首位更新策略

首位更新策略法是指在进行选择、交叉和变异操作后，更新改进群体中最优秀的个体。这样的操作可以避免遗传算法进化过程中丢失最优解，且每代最优个体适应性保持递增；在保留最优个体的同时，最优个体依然参加交叉、变异，并没有破坏群体的多样性；可以收敛到全局最优。本书中首位更新策略的具体操作为：假设遗传算法在第t代选择（交叉、变异）后群体状态为$(X_1(t), X_2(t)\cdots, X_n(t))$，再设第$t$代选择（交叉、变异）前的最优个体为$X_{best}(t-1)$，选择（交叉、变异）后计算群体的最优个体为$X(t)$。若最优个体$X_{best}(t-1)$的适应值比最优个体$X(t)$大，则令$X_{best}(t) = X_{best}(t-1)$，否则令$X_{best}(t) = X(t)$，并把$X_{best}(t)$存放在选择（交叉、变异）后群体状态首位前，即$(X_{best}(t), X_1(t), \cdots, X_n(t))$，又被称为第$t$代改进群体。

（8）重新插值

遗传算法中可能出现很快收敛到局部最优解而不是全局最优解的情况，即早熟现象，这是迄今为止最难解决的关键性问题。为了防止出现早熟现象，本书采用重新插值的方法来解决这一问题。其操作过程是：

假设种群经过选择、交叉、变异后得到的新种群为 Chrom，Selch 为随机产生的 n 个个体的集合（n 一般取种群规模的 15%~20%）。计算 Chrom 中每一个个体的适应度值，这样可以找到最差的 n 个个体；再将这 n 个个体全部替换为 Selch 中的个体，从而得到了一个和原来大小一样的种群，这个过程中保持群体规模不变。显然，此方法不但保留了原 Chrom 中的最优个体，而且在重新插值的过程中加速淘汰了较差的个体，增加了群体的多样性，有效地解决了早熟的问题。

4.4.2 基于特征点的节约算法

如前面所述，本章对路径的中间部分（首个客户点之后到末位签约单位点之前这段路径）使用基于特征点的节约算法进行搜索。C-W 节约算法又称节约里程法或节约法，是用来构造运输车辆路径的最有名的启发式算法。自从 Solomon（1987）首次将 C-W 节约算法引入到 VRPTW 后，该算法经常被用于解决各类带时间窗的路径问题。但由于集中通勤车次分配与调度问题的复杂性，节约算法无法直接应用于集中通勤模式下的车辆路径问题，因此本章改进传统节约算法，通过引入特征点使节约算法可以解决集中通勤车次分配与调度问题。其操作过程是：首先分析引入特征点的原因，然后构造适合本研究问题的特征点，最后给出针对不同类型节点的节约矩阵和算法流程。

（1）引入特征点的原因分析

节约算法核心思想是依次将运输问题中的两个回路合并为一个回路，每次使合并后的总运输距离减小的幅度最大，优化过程分为并行方式和串行方式两种。该算法通常由三个步骤构成：第一步，构造最短距离矩阵，列出各节点之间的最短距离；第二步，做出节约矩阵，按节约里程的定义求得各节点之间的节约里程数；第三步，对节约里程的项目进行分类，将节约里程按从大到小的顺序排列。

由于本书是首先利用遗传算法确定首个客户点和末位签约单位点这两个关键点，然后运用节约算法构造这两个关键点之间的路径，所以计算节约里程时还要考虑末位签约单位点的影响。于是利用基于特征点的节约-遗传混合启发式算法求解集中通勤车次分配与调度问题时，车次

k的节约里程公式相应变为：

$$\left(d_{0A} + d_{AP_A} + d_{P_AP_k} + d_{P_k0}\right) + \left(d_{0B} + d_{BP_B} + d_{P_BP_k} + d_{P_k0}\right)$$
$$- \left(d_{0A} + d_{AB} + \min\left\{d_{BP_B} + d_{P_BP_A} + d_{P_AP_k}, \ d_{BP_A} + d_{P_AP_B} + d_{P_BP_k}\right\} + d_{P_k0}\right) \tag{4.33}$$

其中，P_A、P_B分别表示客户点A和B所对应的签约单位点，P_k表示车次k在路径中的末位签约单位点，这样d_{0A}就代表从发车点0到客户点A的距离，d_{AP_A}代表客户点A到签约单位点P_A的距离，其余符号同理可知其含义。于是，$\left(d_{0A} + d_{AP_A} + d_{P_AP_k} + d_{P_k0}\right)$表示路径$0 \to A \to P_A \to P_k \to 0$的距离；$\left(d_{0B} + d_{BP_B} + d_{P_BP_k} + d_{P_k0}\right)$表示路径$0 \to B \to P_B \to P_k \to 0$的距离；而$\left(d_{0A} + d_{AB} + \min\left\{d_{BP_B} + d_{P_BP_A} + d_{P_AP_k}, \ d_{BP_A} + d_{P_AP_B} + d_{P_BP_k}\right\} + d_{P_k0}\right)$则表示之前的两个路径合并成一个路径后的最短距离，如图4-5所示。

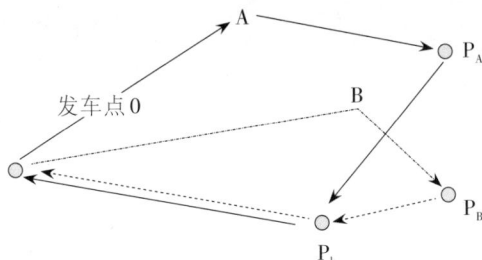

图4-5　$0 \to A \to P_A \to P_k \to 0$和$0 \to B \to P_B \to P_k \to 0$的示意图

图4-5直观地给出了两条接送路径，将这两条路径合并后得到的路径如图4-6所示。

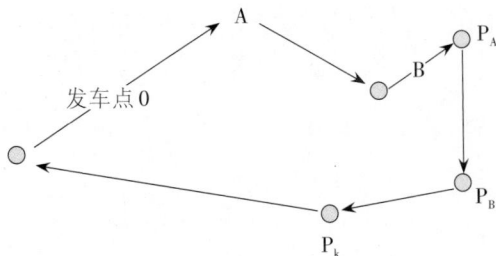

图4-6　两个客户点合并后的路径示意图

需要注意的是，以上节点A、B都是客户点，也就是说，（4.33）式是客户点A→客户点B的节约里程计算公式。但当其中一个节点不是客户点，即含有非客户点时，（4.33）式将不再适用。例如：A 为客户点，m 为签约单位点且其包含的客户点集合为{B，C，D，E}，则在运用（4.33）式计算 A→m 的节约里程时，就会发现无法确定客户点的选择。这是因为签约单位点 m 包含了四个客户点{B，C，D，E}，而不知道是其中的哪一个，即对于路径 $0 \to \alpha \to m \to P_k \to 0$，无法确定 α 是取 B，还是取 C 或者其他，确定不了 α 就无法计算相应的距离，导致传统的节约算法失效。基于以上分析，传统的节约算法不能直接用于构造集中通勤车次分配与调度问题的路径，为此本书引入特征点，使得节约算法适用于集中通勤车次分配与调度问题的求解。

（2）特征点的构造

本书构造了签约单位点的特征点，将特征点作为签约单位点所对应的客户点，特征点的定义为：

设 m 为某个签约单位点，其包含的客户点集合为 N_m，若点 e 能反映 N_m 中所有点地理位置的分布程度，则称点 e 为签约单位点 m 的特征点。

根据定义描述，特征点 e 应满足两个必要条件：①较好地反映出 N_m 中所有点的平均地理位置；②当计算客户点 i→签约单位点 m 的节约里程时，能体现出 N_m 中每个点 j 与 i 合并路径的概率大小。这是因为在构造路径过程中，距离越近的两个客户点越容易被合并到同一个路径中去，即 j 点距离 i 点越近，被选中与 i 合并路径的概率越大，反之概率越小。本书按照特征点的定义和必要条件分两种情况构造特征点的计算公式。设 M 为签约单位点集合，N′为客户点集合。

①当计算 $n \to m$　m，$n \in M$ 时，特征点 m 坐标 $e_m(x, y)$ 的计算公式为：

$$e_m(x, y) = \frac{1}{N} \sum_{j=1}^{N} j(x, y), \ j \in N_m \qquad (4.34)$$

其中，N 为签约单位点 m 所包含客户点的数量，$j(x, y)$ 为第 j 个客户点的坐标。（4.34）式的含义是将以 N_m 中所有点作为顶点而构成的封闭图形的重心作为签约单位点 m 的特征点，可以较好地反映出这些客户点的平均地理位置。同理可以计算签约单位点 n 的特征点。

当得到特征点 e 后，用 e 来代表签约单位点所对应的客户点，即可得到路径

$0 \to e_m \to m \to P_k \to 0$ 和 $0 \to e_n \to n \to P_k \to 0$，则当 $n \to m$ 时，车次 k 的节约里程公式相应变为：

$$\left(d_{0e_n} + d_{e_n n} + d_{nP_k} + d_{P_k 0} \right) + \left(d_{0e_m} + d_{e_m m} + d_{mP_k} + d_{P_k 0} \right)$$
$$- \left(\min\left\{ d_{0e_n} + d_{e_n e_m} + d_{e_m n}, \ d_{0e_m} + d_{e_m e_n} + d_{e_n n} \right\} + d_{nm} + d_{mP_k} + d_{P_k 0} \right) \tag{4.35}$$

其中，$\left(d_{0e_n} + d_{e_n n} + d_{nP_k} + d_{P_k 0} \right)$ 表示路径 $0 \to e_n \to n \to P_k \to 0$ 的距离；$\left(d_{0e_m} + d_{e_m m} + d_{mP_k} + d_{P_k 0} \right)$ 表示路径 $0 \to e_m \to m \to P_k \to 0$ 的距离；$\left(\min\left\{ d_{0e_n} + d_{e_n e_m} + d_{e_m n}, \ d_{0e_m} + d_{e_m e_n} + d_{e_n n} \right\} + d_{nm} + d_{mP_k} + d_{P_k 0} \right)$ 表示之前的两个路径合并成一个路径后的最短距离，如图 4-7 所示。

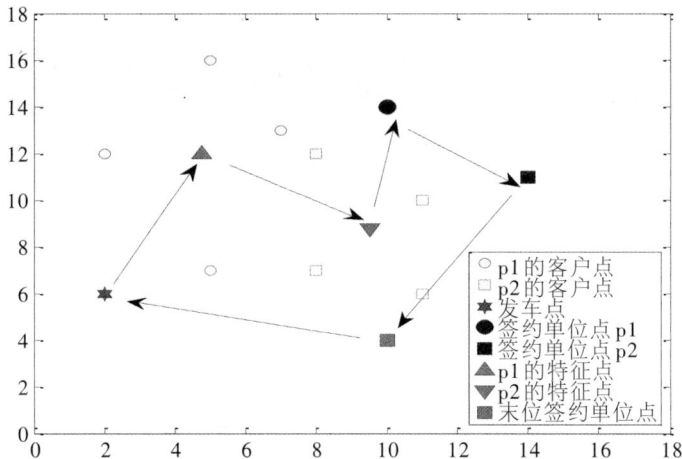

图 4-7 两个签约单位点合并后的路径示意图

② 当计算 $i \to m$ $i \in N'$，$m \in M$ 时，特征点 m 坐标 $e_m(x, y)$ 的计算公式为：

$$e_m(x, y) = \sum_{j=1}^{N} \omega_j j(x, y), \ j \in N_m,$$
$$\omega_j = \left(1 - \frac{d_{ij}}{\sum_{j=1}^{N} d_{ij}} \right) / \sum_{i=1}^{N} \left(1 - \frac{d_{il}}{\sum_{j=1}^{N} d_{ij}} \right) \tag{4.36}$$

其中 ω_j 为权重，d_{ij} 表示节点 j 到节点 i 之间的距离。观察 ω_j 的表达

式，容易发现当 d_{ij} 越小则 ω_j 越大，且各项 ω_j 之和为 1。即对于签约单位点 m 的每一个客户点 j 来说，其到客户点 i 的距离越小，其对应的权重越大，对特征点取值的影响就越大，这样的权重设计符合特征点的必要条件②。当得到特征点 e 后，用 e 来代表签约单位点所对应的客户点，即可得到路径 $0 \rightarrow e_m \rightarrow m \rightarrow P_k \rightarrow 0$，则当 $i \rightarrow m$ 时，车次 k 的节约里程公式相应变为：

$$
\left(d_{0i} + d_{iP_i} + d_{P_iP_k} + d_{P_k0}\right) + \left(d_{0e_m} + d_{e_mm} + d_{mP_k} + d_{P_k0}\right) - \left(d_{0e_m} + d_{e_mi} + d_{im} + d_{mP_i} + d_{P_iP_k} + d_{P_k0}\right) \tag{4.37}
$$

其中 P_i 表示客户点 i 的签约单位点；$\left(d_{0i} + d_{iP_i} + d_{P_iP_k} + d_{P_k0}\right)$ 表示路径 $0 \rightarrow i \rightarrow P_i \rightarrow P_k \rightarrow 0$ 的距离；$\left(d_{0e_m} + d_{e_mm} + d_{mP_k} + d_{P_k0}\right)$ 表示路径 $0 \rightarrow e_m \rightarrow m \rightarrow P_k \rightarrow 0$ 的距离；$\left(d_{0e_m} + d_{e_mi} + d_{im} + d_{mP_i} + d_{P_iP_k} + d_{P_k0}\right)$ 表示之前的两个路径合并成一个路径后的距离，如图 4-8 所示。

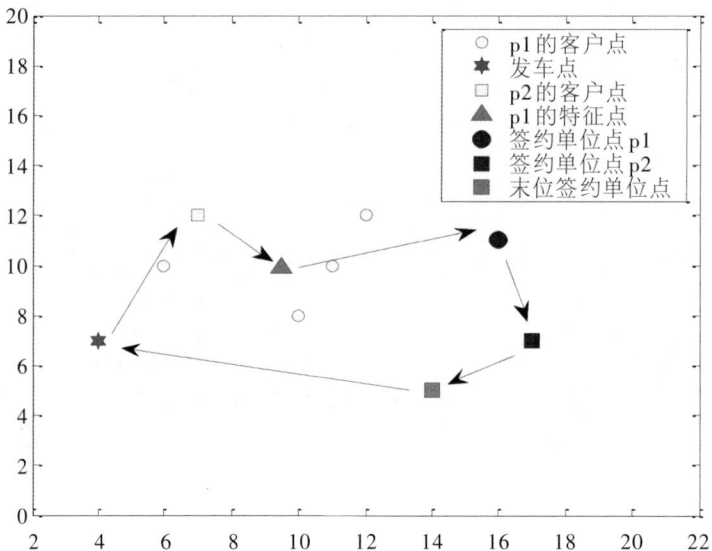

图 4-8　两个签约单位点合并后的路径示意图

③对于路径 $m \rightarrow i$，$i \in N'$，$m \in M$，特征点坐标 $e_m(x, y)$ 的计算公式为（4.36）式，此时，节约里程公式相应变为：

$$
\left(d_{0i} + d_{iP_i} + d_{P_iP_k} + d_{P_k0}\right) + \left(d_{0e_m} + d_{e_mm} + d_{mP_k} + d_{P_k0}\right) - \left(d_{0e_m} + d_{mi} + d_{iP_i} + d_{P_iP_k} + d_{P_k0}\right) \tag{4.38}
$$

（3）节约矩阵设计

要利用节约算法构造路径就要给出节约矩阵，在本书开发的基于特征点的节约-遗传混合启发式算法中，节约矩阵的构造如下：

设在一个服务周期内，签约通勤服务单位的签约单位点集合 $M = \{n + 1, n + 2, \cdots, n + m\}$；$N' = \{1, 2, \cdots, n\}$ 为所有客户点构成的集合，则节约矩阵见表4-1。

表4-1　　　　　　　　车次k的节约矩阵

节点	1	2	n	n + 1	n + 2	n + m
1	$P_1P_1P_k$	$P_1P_2P_k$	$P_1P_nP_k$	$P_1P_{n+1}P_k$	$P_1P_{n+2}P_k$	$P_1P_{n+m}P_k$
2	$P_2P_1P_k$	$P_2P_2P_k$	$P_2P_nP_k$	$P_2P_{n+1}P_k$	$P_2P_{n+2}P_k$	$P_2P_{n+m}P_k$
…	…	…	…	…	…	…
n	$P_nP_1P_k$	$P_nP_2P_k$	$P_nP_nP_k$	$P_nP_{n+1}P_k$	$P_nP_{n+2}P_k$	$P_nP_{n+m}P_k$
n + 1	$P_{n+1}P_1P_k$	$P_{n+1}P_2P_k$	$P_{n+1}P_nP_k$	$P_{n+1}P_{n+1}P_k$	$P_{n+1}P_{n+2}P_k$	$P_{n+1}P_{n+m}P_k$
n + 2	$P_{n+2}P_1P_k$	$P_{n+2}P_2P_k$	$P_{n+2}P_nP_k$	$P_{n+2}P_{n+1}P_k$	$P_{n+2}P_{n+2}P_k$	$P_{n+2}P_{n+m}P_k$
…	…	…	…	…	…	…
n + m	$P_{n+m}P_1P_k$	$P_{n+m}P_2P_k$	$P_{n+m}P_nP_k$	$P_{n+m}P_{n+1}P_k$	$P_{n+m}P_{n+2}P_k$	$P_{n+m}P_{n+m}P_k$

其中 $P_iP_jP_k$ 表示当末位签约单位点为 P_k 时，节点 P_i 到节点 P_j 的节约里程。不同的末位签约单位点 P_k 对应不同的节约矩阵，所以根据实际情况的变化，应该给出数个节约矩阵（其数目等于签约单位点的个数）。对于 $P_iP_jP_k$，当 $i \in N'$，$j \in N'$ 时，利用公式（4.33）计算节约里程；当 $i \in M$，$j \in M$ 时，先通过公式（4.34）计算特征点，再利用公式（4.35）计算节约里程；当 $i \in N'$，$j \in M$，先通过公式（4.36）计算特征点，再利用公式（4.37）计算节约里程；当 $i \in M$，$j \in N'$，通过公式（4.36）计算特征点，再利用公式（4.38）计算节约里程；当 $i = j$ 时，显然这是不可能的连接路径，所以 $P_iP_jP_k = 0$，$i = j$。另外，不同于传统节约矩阵的是，在该节约矩阵中，一般有 $P_iP_jP_k \neq P_jP_iP_k$。得到节约矩阵后，就可以构造路径了。

利用节约矩阵搜索节点的原则是：设 i 为起始节点，若节点 j 满足：

① $P_iP_jP_k = \max\limits_{j \in N' \cup M} \{P_iP_jP_k\}$；

② 若 j 是客户点，要求其未被访问过，则将 j 作为下一个访问的节点，得到路径 $P_i \rightarrow P_j$。

（4）基于特征点的节约算法的流程

根据上述各环节的设计，得到基于特征点的节约算法的流程，见表4-2。

表 4-2 算法流程

Step 0.输入客户点合集为 N′，签约单位点集合为 M，所用车辆的数目为 K，根据染色体的编码确定每个车次 k 的首个客户点和末位签约单位点

Step 1.构造数个节约矩阵，每个末位签约单位点对应一个节约矩阵。

Step 2.如果所有客户点均已安排，则转 Step 7。若车次 k 现在的节点是该车次的末位签约单位点，则停止该车次的路径构造。如车辆均停止了构造路径，但还有未被安排的顾客，转 Step 8

Step 3.先搜索第一个可用车次（未停止构造路径的车次）的下一个节点。从现在的节点开始，根据该车次末位签约单位点的节约矩阵进行顺序搜索，以获得下一个节点，使得每次合并后的节约里程最大。即每次搜索都是以车辆现在所在的节点作为起始节点，再去搜索一个节点作为下次要访问的对象

Step 4.利用顺序插入法构造该车次的即时回程路径，即在该车次不再添加新的客户点的情况下，将车辆上的顾客都送到目的地再返回发车点

Step 5.计算该车次的运输距离，检查车辆容量和每个顾客的时间窗约束，如果可行转 Step 6。否则转 Step 2，搜索除该节点以外的其他节点

Step 6.利用同样的步骤 Step 2～Step 5，依次搜索其余可用车次的下一个节点，每次搜索只为当前车次添加一个节点。当每个可用车次都找到了下一个节点后转 Step 2

Step 7.算法结束，输出每个车次所访问的节点及次序

Step 8.算法结束，输出该染色体是不可行的个体

4.4.3 总体流程设计

关于本书所开发的启发式算法，其算法思想描述和各个环节的设计已在上文给出，接下来给出基于特征点的节约-遗传混合启发式算法的总体步骤，见表4-3。

其中对于 Step 0 中所用车辆数目的确定本书设计如下：

$$K = \left[\frac{S_{N'}}{Q} \right] + 1 \tag{4.39}$$

其中 K 为所用车辆数，S_N 为总顾客人数，Q 为车辆的核定载客人数。

表 4-3　算法总体流程（基于特征点的节约–遗传混合启发式算法）

Step 0. 输入顾客信息，设定参数，确定所用车辆的数目即染色体长度，给出适应度函数

Step 1. 编码，随机产生初始种群。每个个体代表一个派车方案，其中每个基因代表一个车次的首个客户点和末位签约单位点这两个关键点

Step 2. 对种群中的每个个体，利用基于特征点的节约算法构造两个关键点之间的路径

Step 3. 根据得到的路径，计算每个个体的适应度值。对于不可行的个体，令其适应度值为一个很大的正数

Step 4. 通过首位更新策略对最优个体进行更新

Step 5. 检验是否满足终止条件。若满足转 Step 8，否则转 Step 6

Step 6. 执行选择（交叉、变异操作）得到子代种群 1

Step 7. 随机生成种群规模 10% 的个体，将他们插入到子代种群 1 中，得到子代种群 2。将子代种群 2 作为下一次进化的初始种群，转 Step 2

Step 8. 解码，得到最优个体对应的解 1

Step 9. ①当得到的是可行解时，则减少和增加一个所用车辆，再分别计算得到解 2、解 3。比较这 3 个解的优异程度。若解 2 最优则继续每次减少一部车辆，再计算得到新解，直到产生的新解不优于之前解，转 Step 10；若解 3 最优则继续每次增加一部车辆，再计算得到新解，直到产生的新解不优于之前解，转 Step 10；若解 1 最优，转 Step 10。②当得到的是不可行解时，则每次增加一部所用车辆，再计算得到新解，直到产生的新解不优于之前解，转 Step 10

Step 10. 根据 Step 9 中得到的最优解，输出每个车次所访问的节点及次序

4.5　计算实验与结果分析

为了验证模型和基于特征点的节约–遗传混合启发式算法的有效性和可行性，使用 MATLAB7.0 编写算法程序，并采用仿真实验来验证。

4.5.1　实验数据说明

由于集中通勤车次分配与调度问题是源于实际服务行业运作管理的问

题，因此本书对通勤汽车服务公司开展调研，调研对象为沈阳××旅游汽车有限公司。该公司是沈阳最大的通勤汽车服务公司之一，有金龙、宇通、中通、考斯特、海狮等9座到55座的各种高级豪华旅游客车100余台。其所服务的通勤顾客在上班时间段分布相对密集，下班时间段的顾客人数一般是上班时间段的一半左右。由于真实数据是每个汽车公司的商业机密，不便公开。这里以7：00—8：30为工作计划的时间范围，以沈阳××旅游汽车有限公司的上班时段通勤服务信息为基准，生成了仿真实验数据。

假设在时段（7：00—8：30）之间有7个单位签约通勤服务，共有300人，60个客户点分布在20km×20km的矩形区域内；这7个单位具有不同的签约单位点和时间窗约束；车辆的核定载客人数为45，车辆启动费为10元，车辆的行驶费用为1.8元/km，车辆行驶速度为60 km/h；发车点的坐标为（2，16），各签约单位点1、2、3、4、5、6、7的坐标为分别为（17，12）、（15，6）、（16，6）、（7，6）、（4，12）、（5，3）、（12，8）。客户点信息见表4-4。

表4-4　　　　　　　　　　　客户点信息

客户点	1	2	3	4	5	6	7	8	9	10
坐标	(16,17)	(12,3)	(14,8)	(2,10)	(8,14)	(8,11)	(3,9)	(17,9)	(17,2)	(9,9)
时间窗上限	7:00	7:00	7:00	7:00	7:00	7:00	7:00	7:30	7:30	7:30
时间窗下限	8:00	8:00	8:00	8:00	8:00	8:00	8:00	8:30	8:30	8:30
签约单位点	(17,12)	(17,12)	(17,12)	(17,12)	(17,12)	(17,12)	(17,12)	(15,6)	(15,6)	(15,6)
客户点人数	3	6	5	4	5	4	3	3	4	6
客户点	11	12	13	14	15	16	17	18	19	20
坐标	(19,7)	(3,6)	(17,17)	(15,15)	(7,18)	(12,11)	(19,0)	(13,12)	(5,16)	(7,20)
时间窗上限	7:30	7:30	7:30	7:30	7:30	7:30	7:30	7:30	7:05	7:05
时间窗下限	8:30	8:30	8:30	8:30	8:30	8:30	8:30	8:30	8:05	8:05
签约单位点	(15,6)	(15,6)	(15,6)	(15,6)	(15,6)	(15,6)	(15,6)	(15,6)	(16,6)	(16,6)
客户点人数	8	3	8	6	4	7	6	5	5	5

续表

客户点	21	22	23	24	25	26	27	28	29	30
坐标	(4,4)	(10,14)	(8,10)	(9,19)	(12,14)	(1,5)	(6,9)	(13,3)	(4,19)	(12,7)
时间窗上限	7:05	7:05	7:05	7:05	7:05	7:15	7:15	7:15	7:15	7:15
时间窗下限	8:05	8:05	8:05	8:05	8:05	8:15	8:15	8:15	8:15	8:15
签约单位点	(16,6)	(16,6)	(16,6)	(16,6)	(16,6)	(7,6)	(7,6)	(7,6)	(7,6)	(7,6)
客户点人数	6	7	4	7	2	7	3	2	8	7
客户点	31	32	33	34	35	36	37	38	39	40
坐标	(5,1)	(12,15)	(10,18)	(9,6)	(11,5)	(19,19)	(7,3)	(8,19)	(6,14)	(8,17)
时间窗上限	7:15	7:15	7:15	7:10	7:10	7:10	7:10	7:10	7:10	7:10
时间窗下限	8:15	8:15	8:15	8:10	8:10	8:10	8:10	8:10	8:10	8:10
签约单位点	(7,6)	(7,6)	(7,6)	(4,12)	(4,12)	(4,12)	(4,12)	(4,12)	(4,12)	(4,12)
客户点人数	3	3	7	3	4	8	4	6	3	11
客户点	41	42	43	44	45	46	47	48	49	50
坐标	(6,4)	(8,9)	(10,2)	(14,17)	(6,11)	(2,6)	(9,7)	(9,17)	(0,7)	(13,1)
时间窗上限	7:10	7:10	7:25	7:25	7:25	7:25	7:25	7:25	7:25	7:25
时间窗下限	8:10	8:10	8:25	8:25	8:25	8:25	8:25	8:25	8:25	8:25
签约单位点	(4,12)	(4,12)	(5,3)	(5,3)	(5,3)	(5,3)	(5,3)	(5,3)	(5,3)	(5,3)
客户点人数	7	5	6	3	4	2	5	7	5	6
客户点	51	52	53	54	55	56	57	58	59	60
坐标	(14,4)	(6,1)	(5,11)	(14,2)	(16,10)	(20,2)	(9,15)	(18,8)	(9,16)	(16,1)
时间窗上限	7:20	7:20	7:20	7:20	7:20	7:20	7:20	7:20	7:20	7:20
时间窗下限	8:20	8:20	8:20	8:20	8:20	8:20	8:20	8:20	8:20	8:20
签约单位点	(12,8)	(12,8)	(12,8)	(12,8)	(12,8)	(12,8)	(12,8)	(12,8)	(12,8)	(12,8)
客户点人数	2	4	8	7	5	6	4	1	6	2

为了直观地反映客户点的信息，本书绘制了实验数据的位置分布图，如图4-9所示。

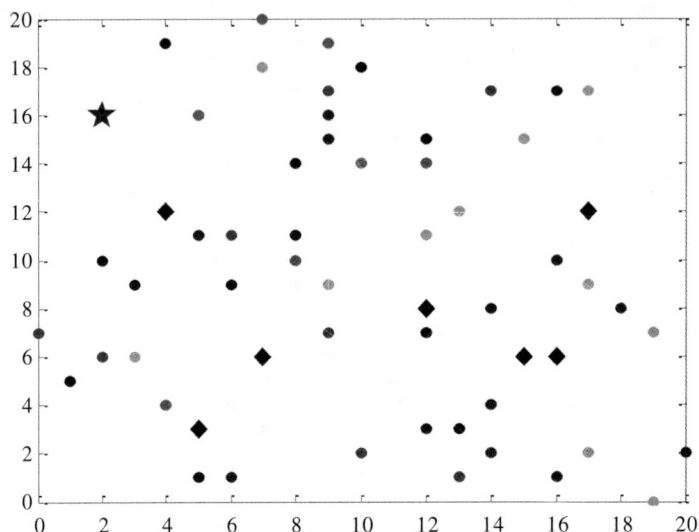

图4-9 实验数据的位置分布图

在图4-9中，星形表示发车点，菱形表示签约单位点，圆圈表示客户点。可以看到客户点（站点）的分布非常密集，这种"门对门"的运输线路设计正是集中通勤汽车服务公司提高服务质量、增强企业核心竞争力的体现。

4.5.2 实验结果与分析

针对上述实验数据的信息，在基于特征点的节约-遗传混合启发式算法中设定：初始种群规模为50；交叉概率为0.7；变异概率为0.02；遗传算法上设定进化代数为300，且如果最优个体的适应度值在50代的进化时间内没有得到改善则停止计算；根据（4.39）式得到初始所用车辆数目为7。

计算后得到：在7个车次下，最小行驶总里程数即适应度值（4.31）式为485，此时对应的总费用为943元。因为此时存在可行解，所以调整为6个车次和8个车次再计算。计算发现：在6个车次下，最小行驶总数为533，此时对应的总费用为1 019元；在8个车次下，最小行驶总数为525，此时对应的总费用为1 025元，所以选择7个车次的运输策略作为调度计划。7个车次的计算用时为5分12秒、6个车次的计算用时为5分50秒、8个车次的计算用时为5分05秒，一共用时16分07秒，而对于集中通勤问题来说，已完全符合实时性的要求。

为了说明本书所开发算法的有效性，绘制了7个车次下的算法进化过程中种群平均适应度值的变化趋势，如图4-10所示。

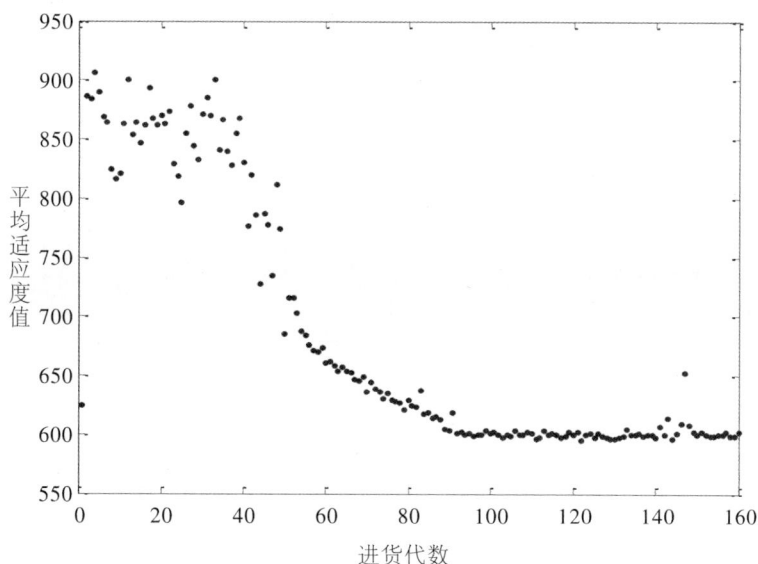

图4-10　种群收敛情况

从图4-10中可以清晰地看到：在遗传算法运算60代之前，种群平均适应度值波动很剧烈；在60代到100代之间，波动逐渐减弱；在100代之后，基本趋于平稳。即随着进化代数的增加，种群平均适应度值的波动愈来愈小，并且呈现递减的趋势。这说明基于特征点的节约–遗传混合启发式算法在运算过程中，每一代整体状况越来越优秀，体现了并行搜索的能力，整个群体不断地收敛于全局最优解。算法在起始阶段所得派车方案的平均总里程数为900千米左右，随着进化次数增加到100代后，其平均总里程数稳定在600千米左右，可见遗传算法对两个关键节点的搜索非常有效，仅用100代的搜索就使得总里程数减少了300多千米，极大地节约了成本。图4-11给出了各代最优个体适应度值的变化趋势。

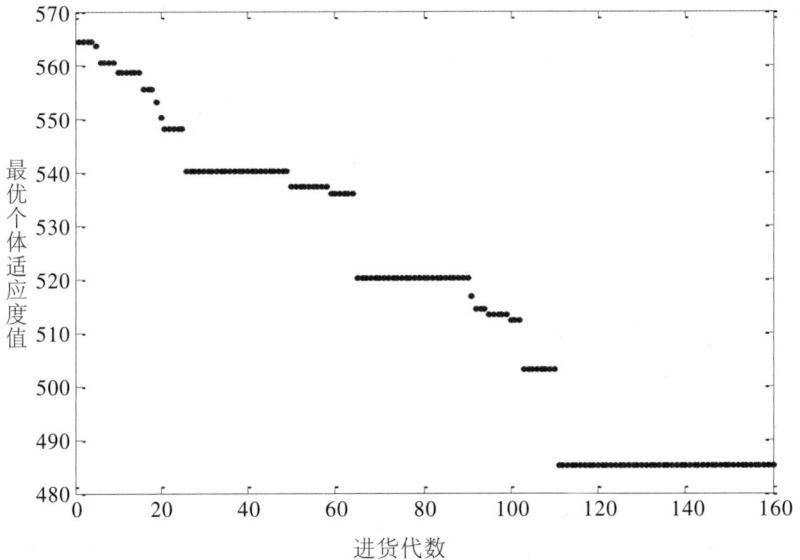

图4-11　最优个体收敛情况

　　由于本书采用了对各代最优个体进行首位更新的策略，使得优秀的基因在进化时始终得到保留。从图4-11中可以清楚地看到，各代最优个体的适应度值呈现持续递减的趋势，保证了迭代过程中不会丢失最优解。在遗传算法运算100代之前，最佳个体适应度值收敛得非常快，再次说明遗传算法对两个关键节点的搜索是有效的，确实可以使基因得到明显改善。110代之后最优个体适应度值已趋于收敛，且在之后的50代进化时间内没有得到改善，所以停止计算。虽然在20代至50代和70代至90代这两段时间内算法有停滞现象，但在交叉运算、变异运算以及重新插值的作用下跳出了局部最优解，这说明本书开发的算法有着很好的概率跳出局部最优解。最优个体适应度值从565减小到485，节约了80千米，而这仅用了100次的进化运算，可见算法的有效性。

　　为了说明本书所开发计算的可行性，本书列出了最优个体对应的派车方案，计算后得到的车次分配与调度计划见表4-5。

车次	发车时间 行驶距离	路径
	表 4-5	车次分配与调度计划
1	7：18 67.8374km	发车点→客户点45→客户点47→客户点50→客户点43→签约单位点6→客户点31→客户点21→客户点26→客户点12→签约单位点4→签约单位点3→签约单位点2→发车点
2	6：58 63.7675km	发车点→客户点20→客户点24→客户点25→客户点18→客户点55→客户点58→客户点56→签约单位点3→客户点16→签约单位点2→签约单位点7→发车点
3	7：17 62.4592km	发车点→客户点48→客户点44→客户点36→客户点13→客户点14→客户点11→客户点8→签约单位点2→签约单位点6→签约单位点5→发车点
4	7：05 66.1574km	发车点→客户点39→客户点35→客户点34→客户点37→客户点41→客户点42→签约单位点5→客户点27→签约单位点4→客户点46→客户点49→签约单位点6→发车点
5	7：14 66.7049km	发车点→客户点53→客户点54→客户点60→客户点17→客户点9→客户点51→签约单位点2→签约单位点7→客户点1→签约单位点1→发车点
6	6：53 89.0435km	发车点→客户点4→客户点7→客户点5→客户点6→客户点2→客户点3→签约单位点1→客户点22→客户点57→客户点59→客户点40→客户点38→客户点15→客户点19→签约单位点5→签约单位点7→签约单位点2→签约单位点3→发车点
7	7：11 69.0982km	发车点→客户点29→客户点33→客户点32→客户点30→客户点28→客户点52→签约单位点4→客户点10→客户点23→签约单位点7→签约单位点2→签约单位点3→发车点

观察表4-5中各车次的路径不难发现：

（1）每个车次都具有多个签约单位点的特征事实。车次1访问过的签约单位点为6、4、3、2；车次2访问过的签约单位点为3、2、7；车次3访问过的签约单位点为2、6、5；车次4访问过的签约单位点为5、4、6；车次5访问过的签约单位点为2、7、1；车次6访问过的签约单位点为1、5、7、2、3；车次7访问过的签约单位点为4、7、2、3。可见，车辆具有多个签约单位点且计算前是无法确定的，这是集中通勤车次分配与调度问题不同于传统 VASP 问题的特征之一。

（2）每个单位的顾客都是通过多车协作来提供服务的。签约单位点1所包含的客户点是由车辆5、6共同协作完成接送服务的；签约单位点2所包含的客户点是由车辆1、2、3、5、6、7共同协作完成接送服务的；签约单位点3所包含的客户点是由车辆1、2、6、7共同协作完成接送服务的；签约单位点4所包含的客户点是由车辆1、4、7共同协作完成接送服务的；签约单位点5所包含的客户点是由车辆3、4、6共同协作完成接送服务的；签约单位点6所包含的客户点是由车辆1、3、4共同协作完成接送服务的；签约单位点7所包含的客户点是由车辆2、5、6、7共同协作完成接送服务的。

（3）车次具有多行程的特征事实。不同于传统的多行程（完成一次接送后，此时车上已无顾客），集中通勤模式下车辆在完成某些客户点的接送服务后，此时车上通常还有顾客。例如，当车辆2访问到签约单位点3后，车上还有客户点18、55、58、56所包含的顾客；车辆5访问到签约单位点2后，车上还有客户点53、54、60、51所包含的顾客；车辆7访问到签约单位点4后，车上还有客户点52所包含的顾客等。以上的特征事实是集中通勤车次分配与调度问题相比于传统的车次分配与调度问题的不同之处，也是其复杂性的集中体现。图4-12至图4-18则直观地反映了7个车次的路径与调度计划。

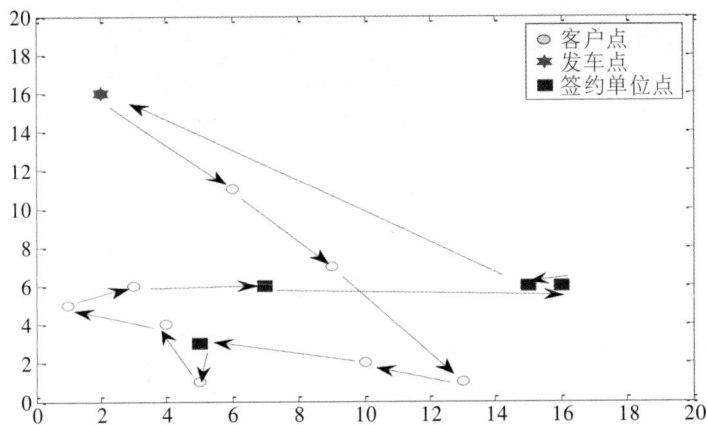

图4-12　车次1的路径示意图

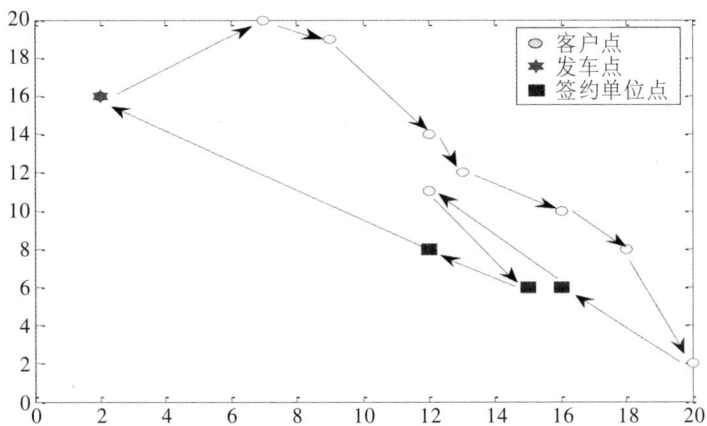

图 4-13   车次 2 的路径示意图

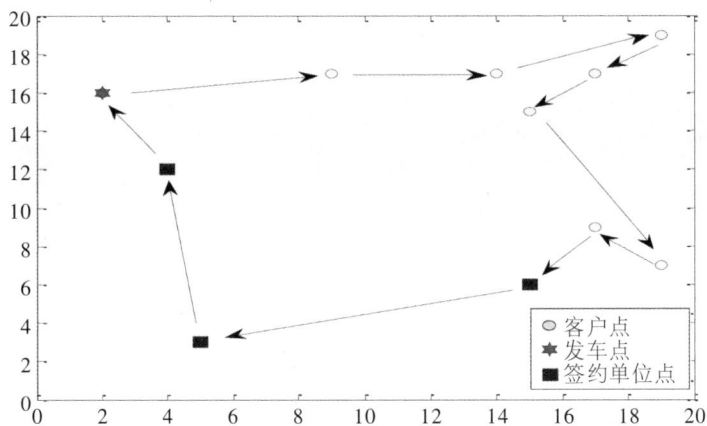

图 4-14   车次 3 的路径示意图

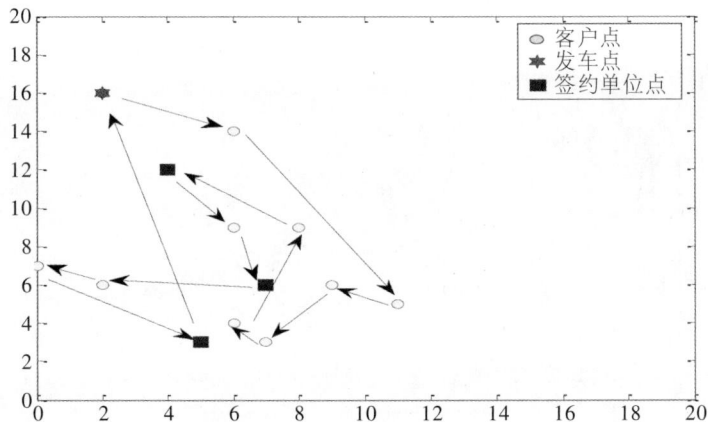

图 4-15   车次 4 的路径示意图

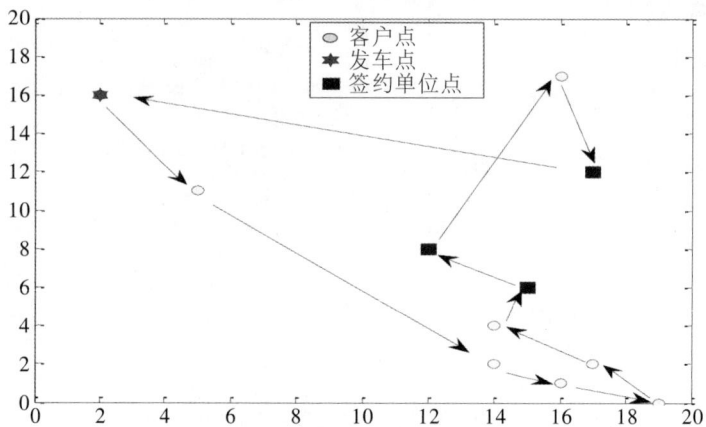

图4-16 车次5的路径示意图

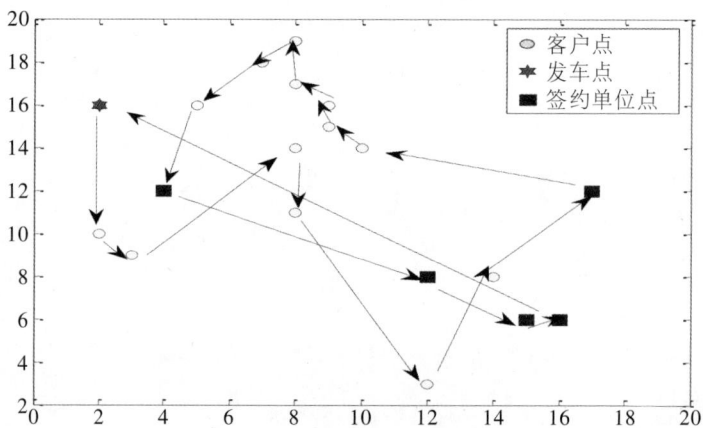

图4-17 车次6的路径示意图

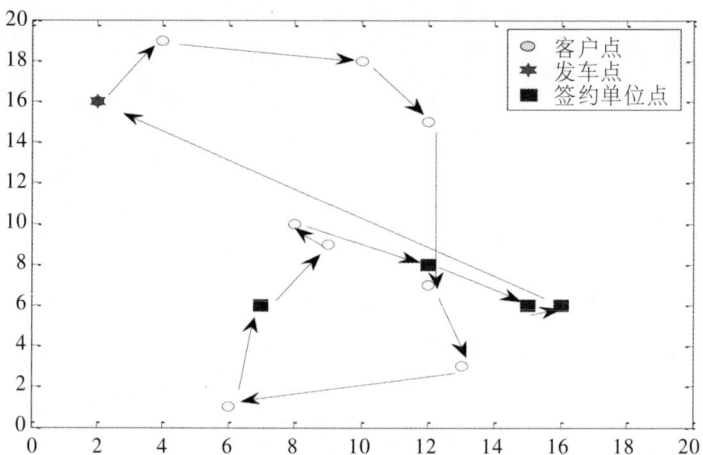

图4-18 车次7的路径示意图

为了便于分析路径的合理性，设首个客户点为 1 号节点，其余节点按路径的接送次序顺序编号。下面逐个分析每个路径的构造情况：对于车次 1 的行驶路径，表面上看，访问节点 2 后应直接访问节点 10，但节点 10 是签约单位点，而此时车上并没有节点 10 所包含的客户点的顾客，故节点 2 直接到节点 10 是不合逻辑的，所以应从节点 2 直接访问节点 3，其余访问的次序显然合理。在车次 2 的行驶路径中，表面上看，访问节点 8 后应直接访问节点 10，与上面原因一样，节点 10 是签约单位点且此时车上没有节点 10 所包含的客户点的顾客，不可能从节点 8 直接访问节点 10，所以应从节点 8 直接访问节点 9，其余访问的次序显然合理；同样的道理，之所以车次 4 的行驶路径中不是从节点 5 直接访问节点 9、车次 5 的行驶路径中不是从节点 8 直接访问节点 10、车次 7 的行驶路径中不是从节点 3 直接访问节点 10，都是因为此时刻车上没有该签约单位点所包含的客户点的顾客，依照各图中所示的路径接送才是合理的安排。车次 3 的行驶路径是显然合理的，无须说明。关于车次 6 的行驶路径，表面上看，车辆绕行的距离较长，但观察图 4-17 中节点的分布位置不难发现，客户点是分布在上下地带，签约单位点分布在中间地带，这样的分布不可能用一个回路来完成服务。所以对于图 4-17 中这些节点来说，车次 6 的行驶路径实质上是合理的，若要减少绕行距离，只能将某些客户点的接送服务分配到其他车次中去，这也是本书今后要努力的方向。

4.6 结论

基于特征点的节约-遗传混合启发式算法在车次分配与调度问题中能够有效地降低运行成本。该算法通过将路线划分为若干个特征点，然后利用节约法通过计算每个特征点之间的最短路径，得到一组尽可能短的路径。最后，将这些路径作为初始种群传入遗传算法，通过遗传算法的进化过程来优化路径，进一步降低运行成本。

根据实验结果,本书发现:

(1)本章建立的数学模型和开发的启发式算法,对集中通勤车次分配与调度问题的求解是可行的、有效的。在以20km×20km的矩形区域内,300人的60个客户点、7个签约单位点为背景的算例中,共运行485km以完成接送服务,每个车次平均运行69km,对于这样的顾客规模来说是可行的。特征点的引入使得节约算法可以应用到集中通勤车次分配与调度问题中去,且利用遗传算法对两个关键节点的搜索节约了80km,有效地降低了运输成本。

(2)基于特征点的节约-遗传混合启发式算法满足即时性。本章算例属于最普遍的中等规模,一共计算用时16分07秒,对于通勤服务来说已完全符合即时性的要求。

(3)有些车次的回程效率不高,当车辆完成所有顾客的接送服务后,从末位签约单位点回到发车点的过程中,行驶距离较长,而此时车上是没有顾客的,即回程时"空跑"的距离较长。回程效率的高低主要取决于实际问题中签约单位点与发车点的位置关系,建议通勤汽车服务公司对回程效率不高的车辆再安排一些恰当的其他任务,以提高效率。

(4)极个别车次的绕行距离较长,例如车次6。这是本书今后要努力解决的问题之一。

(5)由于本章采用的是并行构造路径的方式,所以首先要预估一个所用车辆的数目,然后再按设定的规则调整车辆数目,直到得出最优方案。是否能找到一个更好的预估方法,使得计算时间得到缩减,这是本书今后要探索的另一个问题。

5 考虑顾客满意度的集中通勤接送
服务车次分配与调度问题

5.1 引言

　　第3章和第4章是以通勤汽车服务公司为研究视角，研究了不同环境下集中通勤接送服务的车次分配与调度问题。本章在此基础上，进一步引入顾客满意度，研究了考虑顾客满意度的车次分配与调度问题，以根据给定的满意度获得不同顾客满意度下的最小成本的车辆调度安排。本章针对集中通勤接送服务中的车次分配与调度问题建立了最小化成本模型，首先构建了顾客满意度函数，基于此建立了考虑顾客满意度的集中通勤接送服务车次分配与调度问题的0-1整数规划模型，并设计开发了一种基于kNN思想的启发式算法求解模型。

5.2 车次分配与调度的最小化成本模型

5.2.1 问题描述与假设

在实行集中通勤接送服务过程中，降低运营成本的同时，提供高质量服务是决策者追求的主要目标。通勤汽车服务公司可能每天要接送不同数量、地理位置、接送时间要求的顾客，本章以一个计划期内（某天）的接送服务过程为研究对象。通勤汽车服务公司首先收集在一个计划周期内的基本服务信息，包括：客户点的地理位置、数量，每个客户点的人数，各签约单位的地理位置、时间窗要求，可用车辆的数目、容量等。然后根据获得的信息，对所用车辆的车型、数量，每个车次的发车时间、行走路径、需要接送的顾客以及接送这些顾客的时间、接送次序，到达每个签约单位点的时间、次序给出明确的安排。最后通知顾客接送时间，收集反馈信息，合理优化车辆路径，以达到降低运输成本和提高服务质量的目的。

针对问题自身的特点和优化目标，本书作如下假设：

（1）一部车辆从发车地点出发，接送若干顾客，再返回发车地点为一个车次，其中，发车地点只有一个，但签约单位点有若干个；

（2）通勤服务车辆数量充足，每个客户点的顾客人数小于车辆的核定载客人数，且车辆匀速行驶；

（3）每部车辆在到达某个签约单位点后，不返回发车点，进行无返回的多行程车次服务，直到完成所有顾客的接送服务；

（4）每个车次对访问过的签约单位点不会再次访问；

（5）即时服务，不考虑上下车时间；

（6）客户点是不可分割的，即将一个客户点的所有顾客看作一个整体；

（7）每个车次的路径均始于发车点，止于发车点；

（8）在同一位置具有不同签约单位点的客户点看作不同的客户点。

5.2.2　模型的构建

下面依据问题的自身特点，给出上班时间段内集中通勤接送服务的变量假设与符号表示：用 T 表示计划周期的服务时间范围；N 为客户点总数；M 为签约单位点总数，即签约单位总数；0 为发车点；本书将客户点、签约单位点、发车点统称为节点，用 i 和 j 表示节点序号，具体而言，当 $1 \leqslant i, j \leqslant N$ 时表示客户点，当 $N+1 \leqslant i, j \leqslant N+M$ 时表示签约单位点；R_i^k 为车次 k 从发车点运行至节点 i 时所经过的所有节点集合；N_i 为签约单位点 i 所包含的客户点构成的集合；q_i 为客户点 i 的顾客人数；V 为可用车辆的总数；Q 为单个车辆的最大运输能力；v 为车辆的行驶速度；a_i 为车辆到达节点 i 的时刻；a_k^k 为车次 k 的发车时刻；d_{ij} 为车辆从节点 i 行驶到节点 j 的最短距离；t_{ij} 为车辆在路径 $i \rightarrow j$ 上的行驶时间，显然有 $t_{ij} = d_{ij}/v$；由于本书将服务质量描述为顾客满意度，用 α 表示顾客的满意度水平，满意度与服务质量成正比，$\alpha \in [0, 1]$；用 $[e_i, l_i]$ 表示客户点 i 的硬时间窗，其中 e_i 为客户点 i 的硬时间窗下限，l_i 为客户点 i 的硬时间窗上限；用 $[e_i^\alpha, l_i^\alpha]$ 表示满意度 α 下的客户点 i 的软时间窗，其中 e_i^α 为客户点 i 的软时间窗下限，l_i^α 为客户点 i 的软时间窗上限；用 t_s^k 表示车辆 k 的发车时间；c 为车辆行驶每单位距离的费用，c′ 为车辆的一次性启动费用；用 φ_i 表示客户点 i 的目标地点；Z_k 为第 k 个车辆是否被使用的 0-1 整数决策变量，$Z_k = 1$ 表示该车被使用，否则为 0；x_{ij}^k 为车辆 k 是否从节点 i 直接到达节点 j 的 0-1 整数决策变量，$x_{ij}^k = 1$ 表示车辆 k 从节点 i 不经过其他节点直接到达节点 j，否则 $x_{ij}^k = 0$。

在计划周期内每个签约单位都对员工到达单位时间有一个约束要求 $[e_i, l_i]$（硬时间窗），签约单位要求员工必须在该时间范围内到达单位。这通常是一个较大的范围，但对于员工来说，不希望到达单位的时间太早或太晚，而是期望在一个较为理想的小范围时间 $[e_i^\alpha, l_i^\alpha]$（软时间窗）到达单位，显示 $[e_i^\alpha, l_i^\alpha] \subseteq [e_i, l_i]$。因此本书以顾客到达目标地点的时刻来衡量顾客满意度的大小，设顾客到达单位的理想时间段是 $[e_i^*, l_i^*]$

（通过调查得到），如果顾客在这段时间段内到达单位，大部分顾客非常满意，设定此时的满意度为100%。当到达单位的时刻早于e_i^*或晚于l_i^*时，顾客的满意度开始下降，直到超过硬时间窗范围，该客户点的顾客满意度将降为0，这种函数关系如图5-1所示。根据上述分析，本书设计的客户点i在满意度为α下的时间窗计算公式为：

$$e_i^\alpha = \alpha(e_i^* - e_i) + e_i \tag{5.1}$$

$$l_i^\alpha = \alpha(l_i^* - l_i) + l_i \tag{5.2}$$

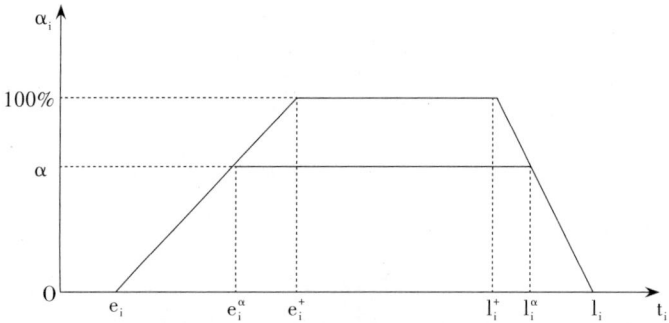

图5-1　顾客满意度与对应的时间窗

基于上述描述与时间窗设计，给定顾客满意度α下的最小化成本问题可以描述为0-1整数规划模型，其目标函数为：

$$\min c \sum_{k=1}^{V} \sum_{i=0}^{M+N} \sum_{j=0}^{M+N} d_{ij} x_{ij}^k + c' \sum_{k=1}^{V} Z_k \tag{5.3}$$

（5.3）式的目标是最小化一个计划周期内所有车辆的运输成本之和，运输成本由可变的车辆接送行驶费用和固定的车辆启动费用两部分组成，$c > 0$表示车辆行驶每单位距离的费用，$c' > 0$为车辆的一次性启动费用。根据问题的自身特点和特征事实，该模型的约束条件有：

$$\sum_{j=0}^{M+N} x_{ij}^k Z_k = Z_k, \quad i = 1, 2, \cdots, M+N ; k = 1, 2, \cdots, V ; i \neq j \tag{5.4}$$

$$\sum_{j=1}^{N} x_{0j}^k = Z_k, \quad k = 1, 2, \cdots, V \tag{5.5}$$

$$\sum_{i=N+1}^{M+N} x_{i0}^k = Z_k, \quad k = 1, 2, \cdots, V \tag{5.6}$$

$$\sum_{k=1}^{V} \sum_{j=0}^{M+N} x_{ji}^k = 1, \quad i = 1, 2, \cdots, N \tag{5.7}$$

$$\sum_{i=1}^{M+N} x_{ij}^k \le 1, k = 1,2,\cdots,V; j = N+1, N+2,\cdots,N+M; i \ne j \tag{5.8}$$

$$\sum_{k=1}^{V}\sum_{i=1}^{M+N} x_{ij}^k \ge 1, j = N+1, N+2,\cdots,N+M; i \ne j \tag{5.9}$$

$$\text{if } \sum_{i=0}^{M+N} x_{ij}^k = 1 \text{ then } \sum_{i=1}^{M+N} x_{i\varphi_j}^k = 1, k = 1,2,\cdots,V; j = 1,2,\cdots,N, i \ne \varphi_j \tag{5.10}$$

$$\text{if } \sum_{h \in N_j}\sum_{i=1}^{M+N} x_{ih}^k = 0 \text{ then } \sum_{i=1}^{M+N} x_{ij}^k = 0, k = 1,2,\cdots,V; j = N+1, N+2,\cdots,N+M \tag{5.11}$$

$$t_{ij} - \lambda(1 - x_{ij}^k) \le a_j^k - a_i^k \le t_{ij} + \lambda(1 - x_{ij}^k), k = 1,2,\cdots,V \tag{5.12}$$

$$(a_i^k - e_i^\alpha)Z_k \ge 0, i = N+1, N+2,\cdots,N+M; k = 1,2,\cdots,V \tag{5.13}$$

$$(a_i^k - l_i^\alpha)Z_k \le 0, i = N+1, N+2,\cdots,N+M; k = 1,2,\cdots,V \tag{5.14}$$

$$\sum_{j \in R_i^k} f(q_j) \le Q, i \in N \tag{5.15}$$

其中，

$$f(q_j) = \begin{cases} -\sum_{l \in \Omega_j} q_l, j \in M, \Omega_j = R_j^k \cap N_j \\ q_j, j \in N' \end{cases}$$

$$Z_k \in \{0,1\}, k \in V \tag{5.16}$$

$$x_{ij}^k \in \{0,1\}, i \in N, j \in N, k \in V \tag{5.17}$$

（5.4）式表示车辆离开发车点后，不断进行接送服务，车辆运行过程中每次仅能访问一个节点且必须访问一个节点，该式还保证了计算持续进行下去，直到满足停止条件；（5.5）式表示车次始于发车点，且随后到达的节点一定是客户点；（5.6）式表示任意车次的路径均止于发车点，且终点之前的节点一定是某个签约单位点；（5.7）式保证每个客户点有且仅有一个车次对其进行访问；（5.8）式表示每个车次对同一个签约单位点最多访问一次；根据多车协作的特征事实，可以由多个车次共同完成对该签约单位员工的接送服务，因此（5.9）式表示每个签约单位点至少要被一个车次访问一次；（5.10）式保证了车辆将搭载过的顾客送到对应的签约单位点；相应的（5.11）式保证了若车辆没有接送过客户点 j 的顾客，则不会访问客户点 j 对应的签约单位点；（5.12）式表示即时服务，即不考虑上下车时间，车辆到达客户点后无等待时间；（5.13）式和（5.14）式表示顾客满意度 α 下的时间窗约束，（5.13）式

表示车次 k 到每一个签约单位点的时刻要晚于时间窗的下限，同理
（5.14）式表示到达时刻要早于时间窗的上限；（5.15）式表示车次在节
点 j 处的容量约束，该式保证了车辆从发车点到节点 j 的这段路径中所
有节点载客量累计的代数和小于车辆的最大运输能力；（5.16）式和
（5.17）式是决策变量的逻辑取值。

5.3 类标签算法

VRSPTW 是一类典型的 NP-hard 问题，只有当问题规模很小时才
能使用优化软件求得最优解，而且往往需要消耗大量的时间，无法满
足实际决策的需要。集中通勤模式下的车辆路径问题可以归结为
VRSPTW 的拓展问题，是多种 VRSPTW 模型的有机融合，且更为复
杂，并且在实际问题中通常要对多个签约单位的员工进行接送服务，
是大规模问题。因此在可以接受的时间范围内求得最优解是不可能
的，通常采用人工智能算法和启发式算法进行求解。但由于人工智能
这类算法的搜索速度通常比较慢，要得到较精确的解，需要消耗大量
的计算或训练时间，而该问题又是大规模问题，所以这类方法很难满
足可行性，于是针对问题特征事实设计启发式算法就成为在合理时间
范围内求解实际问题的一种有效方法。C-W 节约算法就是一种启发式
算法，该算法已被国内外学者广泛应用在 VRSPTW 相关问题中，是求
解车辆路径问题最为有效的启发式算法之一。但该算法用于求解集中
通勤模式下的车辆路径问题存在两个缺陷：（1）在构造路径过程中对
于签约单位点，无法直接运用 C-W 节约算法对该类节点进行连接；
（2）问题中存在多个签约单位点，可能出现由于签约单位点相同的两
个节点容易被连接，而增加更多服务距离的情况，如图 5-2 所示。图
5-2 中，客户点 p1、p2 分别表示以签约单位点 1、2 为目标地点的客户
点，现在车辆在节点 i，若按节约算法扩展路径，下一个加入的节点应
是客户点 n，但显然应该先对客户点 m 及其余 3 个客户点 p2 进行接送
服务。

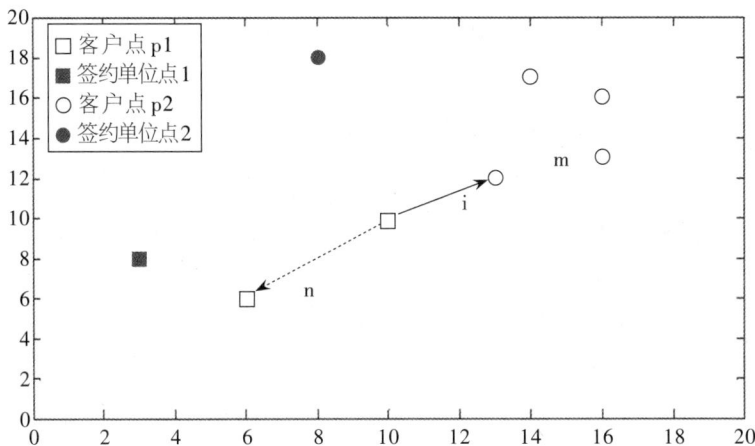

图5-2　扩展路径方式示意图

考虑节约算法求解本书问题的不足之处，结合问题的特点，本书提出一种基于kNN思想的启发式算法——类标签算法。kNN方法是指从测试集合中找出k个最近待评价对象的测试对象，再从这k个训练对象中找出居于主导的类别，将其赋给测试对象。这种方法可以有效地避开当分类任务中数据很多时，两个对象形成完全匹配比较困难和具有相同属性的对象有时具有不同的类别标记两个常见问题。本书算法的核心思想是：首先对签约单位点进行Q型聚类分析得到若干标签（类别），然后在当前节点的某邻域内利用kNN算法找出最优标签，其中距离测量的方法由本书设计的扩展路径方式给出，最后选取属于最优标签的最优节点。

5.3.1　标签判断函数设计

设i为当前车辆所在节点，其坐标为 (x_0, y_0)。δ_i 是以节点i为中心，δ 为半径的领域内的节点集合，$\delta_i = \{(x, y) | (x - x_0)^2 + (y - y_0)^2 \leqslant \delta^2\}$。L为对签约单位点进行分类后得到的标签（类别）集合，则节点i所属标签的判断函数表示为：

$$G^*(i, \delta) = \underset{G \in L}{\text{argmax}} \sum_{j \in \delta_i} w_j I(G = class(j)) \tag{5.18}$$

$G^*(i, \delta)$ 为节点 i 在邻域 δ 内的最优标签。其中，$w_j = \dfrac{d(i, j)^2}{\sum\limits_{j \in \delta_i} d(i, j)^2}$ 为权重因子，$d(i, j)$ 为节点 i 与节点 j 之间的某种距离测度。I(.) 为指示函数，当其值为真时返回值为 1，否则返回值为 0。这样设计的目的是将邻域中签约单位点占优的节点所属类别赋给当前节点 i，以避免出现在节约算法中签约单位点相同的两个节点由于容易被连接而增加更多服务距离的情况。选择何种方法计算 $d(i, j)$ 是标签判断函数设计的一个重要因素，为此本书设计了 4 种情况下的扩展路径方式。该方法借鉴了 C-W 节约算法的思想，但是与以往不同的是，引入了当前路径中签约单位点所对应虚拟客户点的设计，以解决传统 C-W 节约算法在集中通勤模式中涉及连接签约单位点时无法构造路径的问题，下文介绍本书设计的路径扩展方式。

5.3.2　路径扩展方式设计

节约算法的核心思想是逐步将运输问题中的两个回路合并为一个回路，将合并之前的两个回路距离之和减去合并后的总运输距离得到的结果称为节约里程数，选择每次合并后使节约里程数最大的节点作为下一个添加到当前路径中的节点。本书以"节约"启发式算法的思想为基础设计集中通勤模式下的车辆构造路径方法。

路径扩展方式 1：若车辆当前所在节点 i 为客户点，且节点 j 为客户点，那么连接 $i \to j$ 的距离测度 $d(i, j)$ 定义为：

$$d(i, j) = d(0 \to i \to \varphi_i \to 0) + d(0 \to j \to \varphi_j \to 0) - \Delta_{ij} \tag{5.19}$$

$d(0 \to i \to \varphi_i \to 0)$ 表示顺次连接发车点 0，客户点 i，签约单位点 φ_i，发车点 0 所构成路径的距离。其中 $\min \{d(0 \to i \to j \to \Delta_{ij} = \varphi_i \to \varphi_j \to 0), d(0 \to i \to j \to \varphi_j \to \varphi_i \to 0)\}$，其含义是将回路合并后的最小距离。

路径扩展方式 2：若车辆当前所在节点 i 为客户点，且节点 j 为签约单位点，那么连接 $i \to j$ 的距离测度 $d(i, j)$ 定义为：

$$d(i, j) = d(0 \to i \to \varphi_i \to 0) + d(0 \to p_j \to j \to 0) - H_{ij} \tag{5.20}$$

其中 p_j 为签约单位点 j 在当前路径中的虚拟客户点，表示节点 j 所对应客户点的平均位置，其坐标计算公式为：$p_j(x, y) = \dfrac{1}{n} \sum\limits_{i \in R_k \cap N_j} i(x, y)$，n 为当前路径中签约单位点 j 所包含客户点的数量，这样的设计可以近似描述节点所对应的客户点位置，同时还可以平衡扩展路径方式中的节点数量。（5.20）式中，$H_{ij} = \begin{cases} d(0 \to p_j \to i \to j \to \varphi_i \to 0), j \neq \varphi_i \\ d(0 \to p_j \to i \to j \to 0) + \pi_j, j = \varphi_i \end{cases}$ 表示回路合并后的距离，其中 $\pi_j = \min\{d_{ij}\}$，$i \in N_j$ 为节点 i 的签约单位点与节点 j 是同一个节点时的惩罚项，因为根据假设（4），车次访问过签约单位点 j 后将会失去再接送该单位顾客的机会，同时也起到平衡扩展路径方式中节点数量的作用。

路径扩展方式 3：若车辆当前所在节点 i 为签约单位点，且节点 j 为客户点，那么连接 i → j 的距离测度 d(i, j) 定义为：

$$d(i, j) = d(0 \to p_i \to i \to 0) + d(0 \to j \to \varphi_j \to 0) - \\ d(0 \to p_i \to i \to j \to \varphi_j \to 0) \qquad (5.21)$$

这里 p_i 为签约单位点 i 在当前路径中的虚拟客户点，其坐标计算方式与路径扩展方式 2 中所述一致，虚拟点的引入克服了 C-W 节约算法无法对签约单位点进行连接的不足。

路径扩展方式 4：若车辆当前所在节点 i 为签约单位点，且节点 j 为签约单位点，那么连接 i → j 的距离测度 d(i, j) 定义为：

$$d(i, j) = d(0 \to p_i \to i \to 0) + d(0 \to p_j \to j \to 0) - \Delta_{ij} \qquad (5.22)$$

这里 $\Delta_{ij} = \min\{d(0 \to p_i \to p_j \to i \to j \to 0), \ d(0 \to p_j \to p_i \to i \to j \to 0)\}$，表示回路合并后的最小距离。

5.3.3　类标签算法

基于上述标签判断函数和路径扩展方式设计，本书开发的类标签算法流程见表 5-1。

表5-1 **类标签算法步骤**

Step 0. 初始化，输入客户点、签约单位点及车辆信息、满意度 α、领域半径 r

Step 1. 对所有签约单位点进行 Q 型聚类分析得到 h 个分类，设类别标签集 L = $\{G_1, \cdots, G_h\}$，G 是被合成一个新类的签约单位点构成的集合

Step 2. 设 UL = ϕ，对可用车辆 $k \in V$，取 k = 1

Step 3. 设 D = ϕ，并确定车次 k 的首个客户点 i，$i = \underset{i \in \{1, \cdots, N\}/D}{\arg\min} \{d_{oi}\}$，更新 D = $D \cup \{i\}$，UL = UL $\cup \{i\}$

Step 4. 设 $E_k = \phi$，令 $\delta = r$。若 $\delta_i \neq \phi$，转 Step 5；若 $\delta_i = \phi$，令 $\delta = \delta + r$，直到 $\delta_i \neq \phi$

Step 5. 对 $\forall j \in \delta_i$，利用 (5.19) 式、(5.20) 式、(5.21) 式、(5.22) 式得到 $i \rightarrow j$ 的距离测度 d(i, j)，若 $j \in UL \cup D$，令 d(i, j) = 0

Step 6. 根据标签判断函数 (5.18) 式，得到节点 i 在邻域 δ 内的最优标签 $G^*(i, \delta)$，设 $\eta = \{j | j \in G^*(i, \delta), j \in \delta_i\} \cup \{j | \varphi_j \in G^*(i, \delta), j \in \delta_i\}$

Step 7. 对于 $j \in \eta$，①当 $1 \leqslant j \leqslant N$ 时，若 $E_k \neq \eta$，$j = \underset{\varphi_j \in G^*(i, \delta)/E_k}{\arg\max} \{d_{ij}\}$；否则令 $\delta = \delta + r$，转 Step 5。②当 $N + 1 \leqslant j \leqslant M + N$ 时，若 $E_k \neq \eta$，$j = \underset{j \in G^*(i, \delta)/E_k}{\arg\max} \{d_{ij}\}$；否则令 $\delta = \delta + r$，转 Step 5

Step 8. 利用顺序插入法构造该车次的即时回程路径（在该车次不再添加新的客户点的情况下，将车辆上的顾客都送到签约单位点再返回发车点）

Step 9. 基于即时回程路径，检验车辆容量和每个客户点在满意度 α 下的时间窗约束。若满足约束条件，转 Step 12；若不满足约束条件，令 d(i, j) = 0，转 Step 10

Step 10. 若 $\forall j \in \{1, \cdots, N\}/UL$ 和 $j \in D$，都有 d(i, j) = 0，则结束该车次的路径构造，令 k = k + 1，转 Step 3；否则，更新 $E_k = E_k \cup \{j\}$，转 Step 7

Step 12. 确定节点 j 为车辆接送服务的下一个节点。若 $1 \leqslant j \leqslant N$，更新 UL = UL $\cup \{j\}$；若 $N + 1 \leqslant j \leqslant M + N$，更新 D = D $\cup \{j\}$

Step 13. 若 $\{1, \cdots, N\} = UL$，算法停止，输出结果；否则，令 i = j，转 Step 4

5.4 计算实验与结果分析

为了验证本书设计的基于顾客满意度下的最小化成本模型及类标签

算法的有效性，编写相应的算法程序，具体实验设计及结果分析如下。

5.4.1 实验设计

由于集中通勤接送服务源于实际，因此本书对沈阳××旅游汽车有限公司开展了调研并获取实验数据。该公司是辽宁省内最大的通勤汽车服务公司之一，有金龙、宇通、中通、考斯特、海狮等9座到55座的各种高级豪华旅游客车100余台，设有众多的接送线路和灵活的租车形式。

通过调研，获得了该公司在6：00—8：30工作计划时间范围内的接送服务信息，在此基础上生成了本书的仿真实验数据。具体而言，在时段（6：00—8：30）之间有5个单位签约通勤服务，共有1 315人，210个客户点分布在30km×30km的矩形区域内；这5个单位具有各自不同的地理位置和时间窗约束；车辆的核定载客人数为47，车辆启动费为15元，车辆的行驶费用为1.3元/km，假设车辆行驶速度为60km/h；发车点的坐标为（13，12），客户点与签约单位的信息见表5-2、表5-3。

表5-2　　　　　　　　　　客户点信息

客户点	1	2	3	4	5	6	7	8	9	10
坐标	(28,29)	(14,1)	(9,25)	(3,12)	(2,17)	(27,10)	(11,27)	(14,2)	(17,19)	(0,13)
人数	9	10	3	10	7	3	5	7	10	10
客户点	11	12	13	14	15	16	17	18	19	20
坐标	(9,16)	(4,1)	(6,8)	(28,7)	(15,19)	(11,24)	(0,25)	(9,10)	(17,24)	(12,20)
人数	4	10	10	6	9	4	6	10	9	10
客户点	21	22	23	24	25	26	27	28	29	30
坐标	(20,18)	(21,13)	(17,29)	(12,15)	(22,26)	(28,26)	(10,3)	(30,19)	(5,26)	(22,19)
人数	8	3	9	10	8	7	7	5	7	3
客户点	31	32	33	34	35	36	37	38	39	40
坐标	(10,21)	(7,16)	(16,13)	(23,20)	(30,6)	(13,8)	(25,21)	(18,16)	(24,7)	(18,18)
人数	7	2	4	2	2	8	7	4	9	2

客户点	41	42	43	44	45	46	47	48	49	50
坐标	(5,0)	(28,20)	(30,11)	(16,14)	(28,21)	(18,9)	(2,5)	(8,21)	(30,15)	(30,20)
人数	5	4	7	8	3	5	5	6	7	7
客户点	51	52	53	54	55	56	57	58	59	60
坐标	(22,5)	(30,28)	(6,24)	(4,2)	(1,26)	(5,29)	(8,6)	(25,30)	(30,29)	(9,30)
人数	4	7	7	3	2	5	9	4	6	4
客户点	61	62	63	64	65	66	67	68	69	70
坐标	(21,18)	(21,7)	(6,29)	(9,0)	(21,24)	(19,16)	(22,21)	(9,13)	(26,4)	(27,7)
人数	9	5	7	8	10	11	7	4	4	5
客户点	71	72	73	74	75	76	77	78	79	80
坐标	(5,13)	(15,10)	(24,14)	(13,27)	(22,20)	(2,30)	(11,7)	(11,25)	(8,17)	(2,28)
人数	10	5	9	5	10	5	4	5	8	7
客户点	81	82	83	84	85	86	87	88	89	90
坐标	(10,11)	(28,12)	(4,19)	(3,5)	(18,23)	(4,13)	(11,6)	(3,1)	(6,13)	(15,23)
人数	6	10	8	7	10	5	9	9	6	7
客户点	91	92	93	94	95	96	97	98	99	100
坐标	(13,19)	(3,24)	(6,3)	(20,20)	(21,5)	(20,21)	(21,20)	(26,30)	(15,16)	(1,27)
人数	3	3	6	8	9	3	6	6	2	4
客户点	101	102	103	104	105	106	107	108	109	110
坐标	(23,5)	(5,16)	(29,5)	(27,23)	(24,29)	(25,16)	(9,20)	(3,27)	(27,26)	(10,15)
人数	3	8	4	6	3	7	4	7	7	8

续表

客户点	111	112	113	114	115	116	117	118	119	120
坐标	(5,18)	(3,2)	(7,13)	(22,3)	(16,20)	(26,15)	(12,2)	(1,24)	(6,10)	(14,14)
人数	5	2	3	9	3	9	6	10	2	5
客户点	121	122	123	124	125	126	127	128	129	130
坐标	(22,23)	(30,5)	(13,4)	(5,3)	(16,16)	(21,23)	(15,14)	(3,21)	(8,4)	(0,8)
人数	2	10	2	8	8	11	3	6	5	10
客户点	131	132	133	134	135	136	137	138	139	140
坐标	(19,8)	(8,13)	(20,23)	(14,10)	(24,16)	(16,10)	(28,5)	(12,8)	(30,8)	(18,20)
人数	7	11	4	5	4	4	11	8	8	4
客户点	141	142	143	144	145	146	147	148	149	150
坐标	(22,2)	(3,6)	(18,30)	(25,20)	(29,13)	(4,4)	(14,6)	(27,17)	(7,8)	(18,7)
人数	11	9	6	8	6	3	5	4	4	5
客户点	151	152	153	154	155	156	157	158	159	160
坐标	(20,22)	(15,11)	(25,3)	(28,19)	(5,6)	(14,23)	(18,12)	(29,22)	(0,16)	(14,19)
人数	7	2	10	11	6	6	5	10	5	3
客户点	161	162	163	164	165	166	167	168	169	170
坐标	(17,15)	(19,18)	(8,0)	(0,18)	(19,15)	(16,12)	(7,25)	(13,28)	(19,3)	(25,6)
人数	9	5	4	5	2	3	11	11	7	2
客户点	171	172	173	174	175	176	177	178	179	180
坐标	(12,7)	(5,21)	(26,25)	(21,16)	(28,14)	(12,22)	(15,21)	(15,9)	(22,6)	(24,8)
人数	4	6	10	3	3	4	9	9	9	6

续表

客户点	181	182	183	184	185	186	187	188	189	190
坐标	(1,21)	(20,27)	(26,13)	(18,1)	(17,8)	(5,25)	(13,18)	(3,20)	(3,23)	(1,17)
人数	7	4	9	3	8	3	5	7	8	3
客户点	191	192	193	194	195	196	197	198	199	200
坐标	(0,27)	(20,12)	(16,22)	(9,2)	(9,26)	(4,26)	(13,0)	(7,4)	(7,14)	(0,14)
人数	9	8	6	6	6	5	6	6	8	8
客户点	201	202	203	204	205	206	207	208	209	210
坐标	(25,28)	(1,8)	(2,22)	(18,4)	(24,19)	(19,26)	(1,16)	(5,1)	(10,22)	(5,12)
人数	7	4	7	5	4	8	8	6	6	6

表 5-3　　　　　　　　签约单位信息（上班时段）

签约单位点	客户点	地理位置	硬时间窗
1	1 ~ 59	(8,14)	5.00–8.00
2	60 ~ 125	(17,18)	5.30–8.30
3	126 ~ 171	(17,23)	5.30–8.30
4	172 ~ 188	(19,21)	5.20–8.20
5	189 ~ 210	(5,14)	5.10–8.10

5.4.2　实验结果与分析

针对上述实验数据的信息，通过调研得到各单位顾客在理想满意度下的软时间窗信息，并利用（5.1）式、（5.2）式计算得到顾客满意度为100%、90%、80%下的软时间窗信息，见表5-4。

表 5-4 基于不同满意度的软时间窗

客户点	签约单位点1	签约单位点2	签约单位点3	签约单位点4	签约单位点5
顾客满意度	100%				
软时间窗下限	6.40	7.10	7.10	7.00	6.50
软时间窗上限	7.40	8.10	8.10	8.00	7.50
顾客满意度	90%				
软时间窗下限	6.30	7.00	7.00	6.50	6.40
软时间窗上限	7.42	8.12	8.12	8.02	7.52
顾客满意度	80%				
软时间窗下限	6.20	6.50	6.50	6.40	6.30
软时间窗上限	7.44	8.14	8.14	8.04	7.54

在类标签算法中，首先对5个签约单位点进行Q型聚类分析，设定聚类平台高度间隔为1千米。根据聚类所得结果的数据分布情况，本书将5个签约单位点分为3类，即 G_1=［签约单位1点，签约单位点5］、G_2=［签约单位点3，签约单位点4］、G_3=［签约单位点2］。在上述分类结果和服务信息的基础上，设领域半径 r = 3，利用类标签算法分别计算顾客满意度为100%、90%、80%下的车次分配与调度计划，其中运行总成本、总里程数、所需车辆数目的实验结果见表5-5。

表 5-5 不同满意度下的实验结果比较

顾客满意度	车次数	总行驶距离	费用（元）	运行时间（秒）
100%	23	1 689.1	2540.8	5.13
90%	20	1 658.7	2456.3	5.57
80%	16	1 538.0	2239.4	`4.51

从表5-5中可以看到：①随着顾客满意度的提高，完成服务所需车次数目增加，总行驶距离增加，成本增加，这表示顾客满意度的提高是以增加成本、总行驶距离和车次数目为代价的，决策者可以依据这些指

标和不同视角选择最优的决策方案。②对于一次服务就涉及210个客户点的大规模数据，若运用优化软件直接求解不能在有效的时间内得到最优解（更多情况是即使消耗再长的运算时间也无法得到可行解），而采用本书设计的类标签启发式算法，在任何顾客满意度下均能在有效的时间内得到理想解，具有可行性。③本书设计的模型与算法可以较好地实现最小化运行成本的目的。以90%的顾客满意度为例，上班时段平均每人收取1.8元便可以收回运行成本，这给通勤汽车服务公司提供了很大的利润空间，具有有效性。

利用本书设计的模型与算法，决策者可以制订计划服务周期内的车次分配与调度计划，对每个车次的发车时间、行走路径、需要接送的顾客以及接送这些顾客的次序给出明确的安排。为了说明本书所设计模型与算法的可行性，本书列出了90%顾客满意度下的派车方案，见表5-6。

表 5-6　　　　　**90%顾客满意度下的车次分配与调度计划**

车次	发车时间	路径
1	6：53	发车点216→客户点120→客户点99→客户点182→客户点105→客户点98→客户点58→客户点25→签约单位点214→签约单位点211→签约单位点212→客户点133→客户点126→客户点151→签约单位点213→发车点216
2	6：44	发车点216→客户点134→客户点169→客户点141→客户点153→客户点137→客户点139→签约单位点213→客户点206→客户点193→签约单位点215→客户点86→客户点71→客户点89→客户点102→客户点111→客户点79→签约单位点212→发车点216
3	6：46	发车点216→客户点152→客户点170→客户点145→客户点154→客户点158→客户点45→客户点37→签约单位点213→签约单位点211→客户点199→客户点210→签约单位点215→客户点83→客户点78→客户点90→客户点115→签约单位点212→发车点216
4	6：49	发车点216→客户点72→客户点185→客户点179→客户点180→客户点175→客户点148→客户点144→客户点109→签约单位点213→签约单位点214→客户点65→客户点121→客户点104→客户点67→客户点75→客户点96→签约单位点212→发车点216

续表

车次	发车时间	路径
5	6：48	发车点216→客户点127→客户点162→客户点201→客户点1→签约单位点215→签约单位点211→客户点164→客户点159→客户点156→签约单位点213→发车点216
6	6：46	发车点216→客户点166→客户点157→客户点135→客户点52→客户点59→客户点26→客户点19→签约单位点213→签约单位点211→客户点118→客户点92→客户点107→客户点91→签约单位点212→发车点216
7	6：23	发车点216→客户点24→客户点31→客户点3→客户点195→客户点196→客户点191→客户点55→客户点17→签约单位点215→签约单位点211→客户点181→客户点188→客户点128→客户点186→客户点76→客户点80→客户点100→客户点108→客户点63→客户点60→签约单位点214→签约单位点212→签约单位点213→发车点216
8	6：19	发车点216→客户点33→客户点28→客户点50→客户点42→客户点49→客户点43→客户点35→客户点14→客户点6→客户点51→客户点34→签约单位点211→客户点190→客户点207→签约单位点215→客户点113→客户点119→客户点68→客户点110→客户点125→签约单位点212→发车点216
9	6：47	发车点216→客户点81→客户点84→客户点112→客户点88→客户点124→客户点93→客户点146→客户点142→签约单位点212→签约单位点213→客户点173→签约单位点214→发车点216
10	6：18	发车点216→客户点44→客户点30→客户点205→客户点23→客户点7→客户点56→客户点29→客户点53→客户点203→签约单位点211→签约单位点215→客户点130→客户点155→客户点163→客户点129→客户点149→客户点171→客户点147→签约单位点213→发车点216
11	6：43	发车点216→客户点136→客户点131→客户点150→客户点184→客户点114→客户点69→客户点103→客户点122→客户点70→签约单位点214→签约单位点212→签约单位点213→发车点216

车次	发车时间	路径
12	6：34	发车点216→客户点178→客户点183→客户点82→客户点116→客户点106→客户点73→签约单位点214→签约单位点212→客户点140→客户点143→客户点168→客户点167→客户点160→客户点165→客户点161→签约单位点213→发车点216
13	6：18	发车点216→客户点36→客户点2→客户点197→客户点194→客户点208→客户点12→客户点41→客户点54→签约单位点215→签约单位点211→客户点172→客户点176→客户点74→签约单位点214→签约单位点212→客户点132→客户点138→签约单位点213→发车点216
14	6：21	发车点216→客户点18→客户点13→客户点47→客户点202→客户点10→客户点200→客户点5→签约单位点215→签约单位点211→客户点187→客户点177→客户点85→签约单位点214→签约单位点212→发车点216
15	6：42	发车点216→客户点77→客户点64→客户点117→客户点123→客户点87→客户点95→客户点101→客户点62→客户点174→签约单位点214→签约单位点212→发车点216
16	6：22	发车点216→客户点11→客户点189→签约单位点215→客户点4→客户点32→客户点48→客户点16→客户点20→客户点15→客户点40→客户点38→签约单位点211→客户点94→客户点97→客户点61→签约单位点212→发车点216
17	6：13	发车点216→客户点46→客户点39→客户点204→客户点8→签约单位点215→签约单位点211→客户点66→签约单位点212→发车点216
18	6：18	发车点216→客户点192→客户点22→签约单位点215→签约单位点211→发车点216
19	6：14	发车点216→客户点57→客户点27→签约单位点211→客户点209→签约单位点215→发车点216
20	6：12	发车点216→客户点9→客户点21→签约单位点211→客户点198→签约单位点215→发车点216

注：签约单位1~5对应的节点编号分别为211~215，发车点编号为216。

图5-3至图5-22为20个车次的路径示意图。

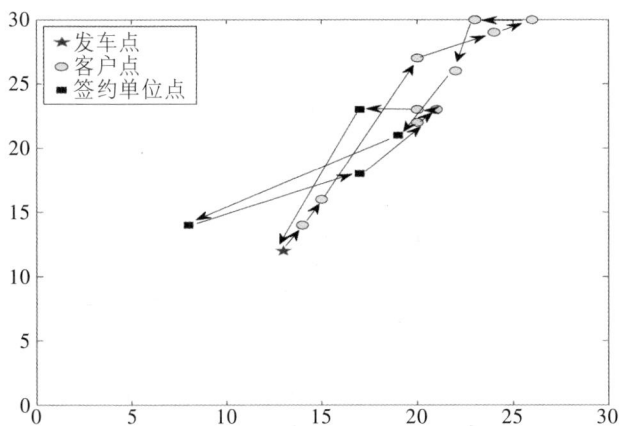

图 5-3　车次 1 的路径示意图

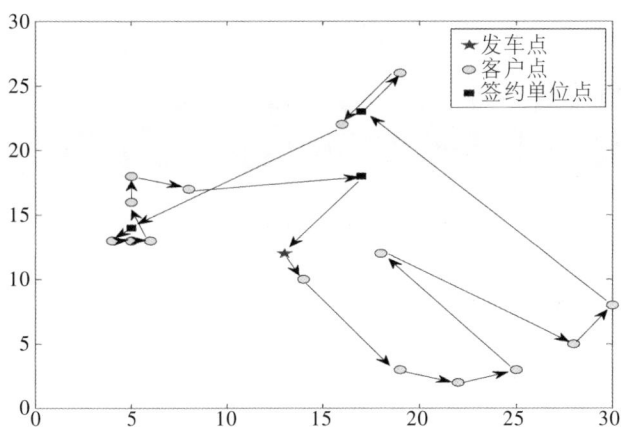

图 5-4　车次 2 的路径示意图

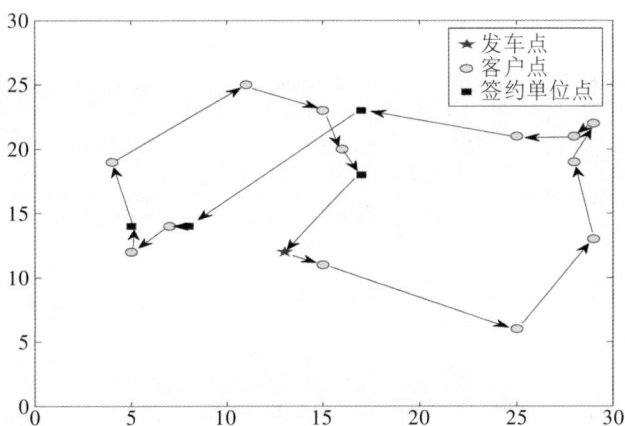

图 5-5　车次 3 的路径示意图

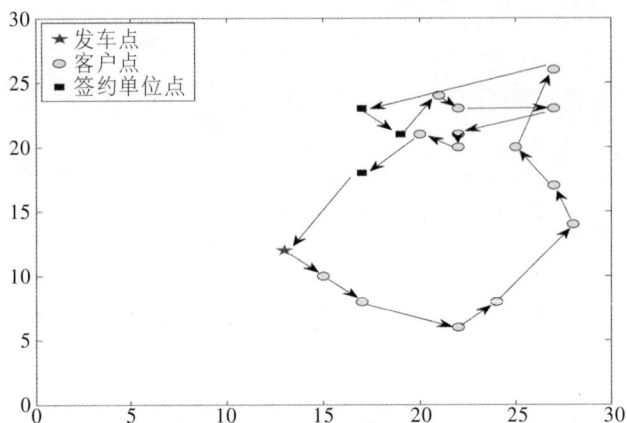

图 5-6　车次 4 的路径示意图

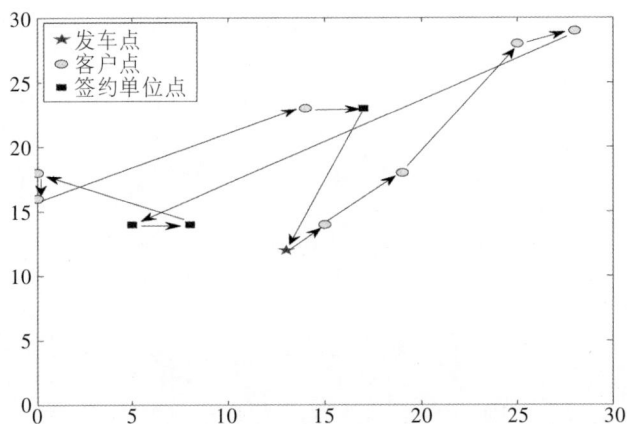

图 5-7　车次 5 的路径示意图

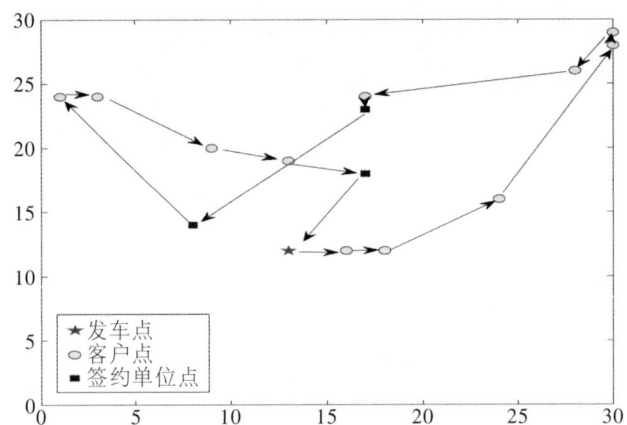

图 5-8　车次 6 的路径示意图

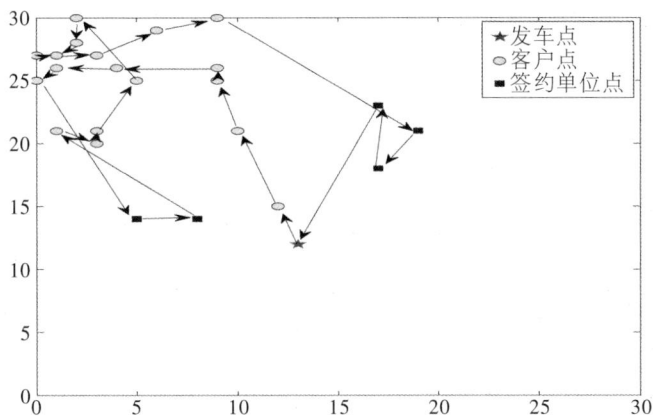

图5-9　车次7的路径示意图

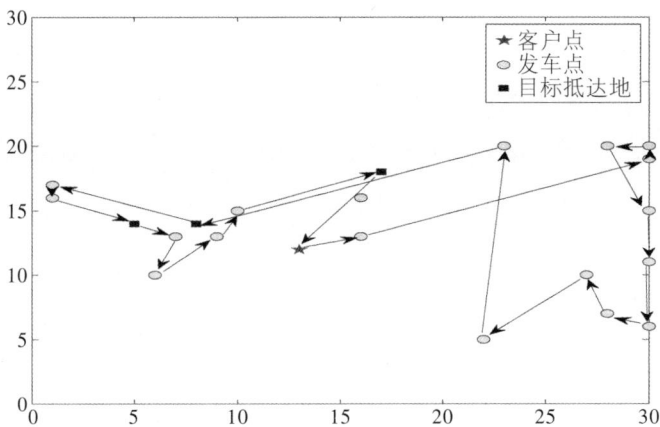

图5-10　车次8的路径示意图

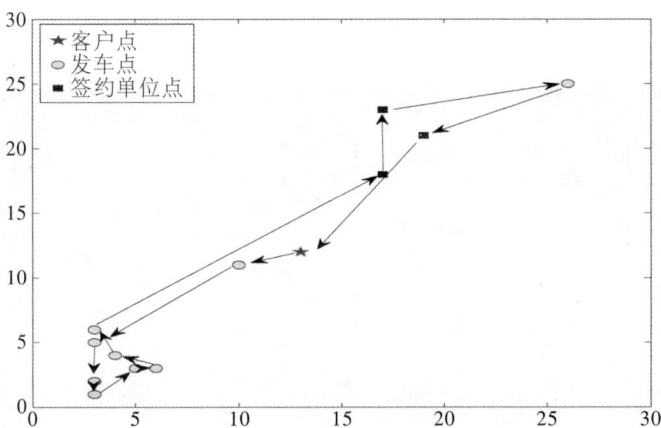

图5-11　车次9的路径示意图

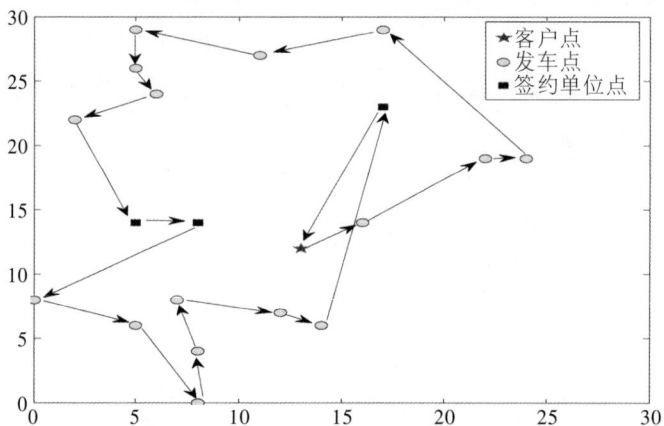

图 5-12 车次 10 的路径示意图

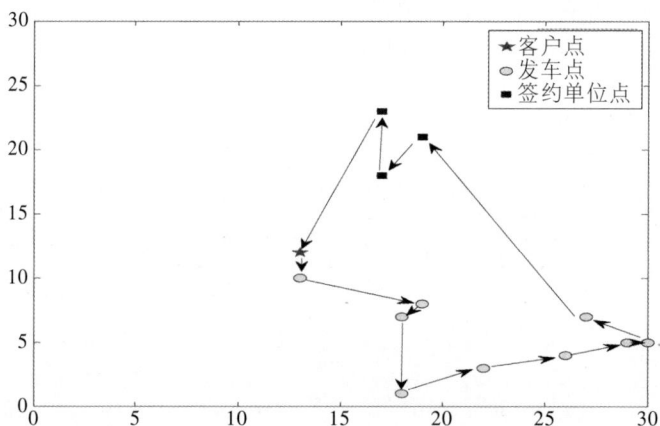

图 5-13 车次 11 的路径示意图

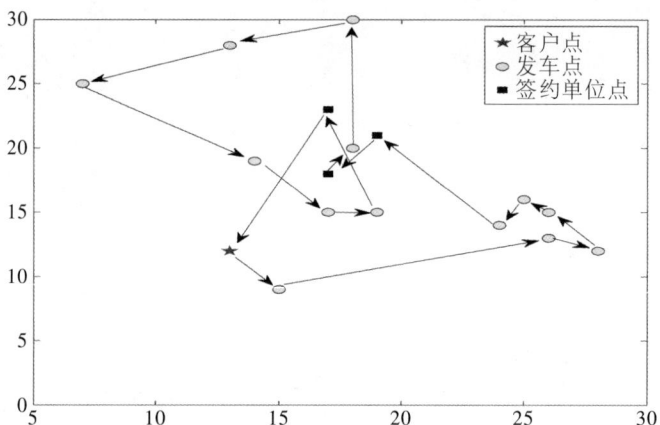

图 5-14 车次 12 的路径示意图

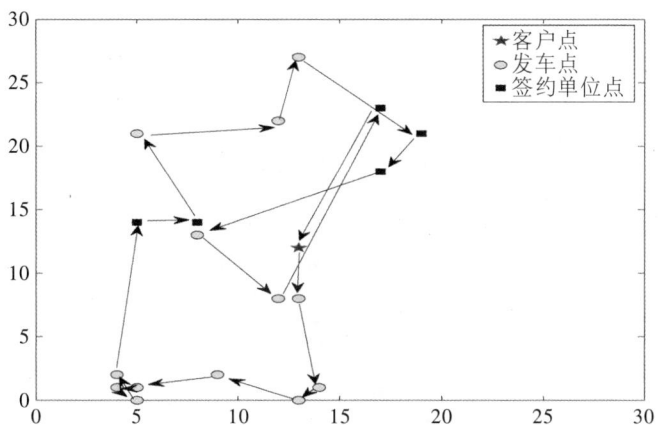

图 5-15　车次 13 的路径示意图

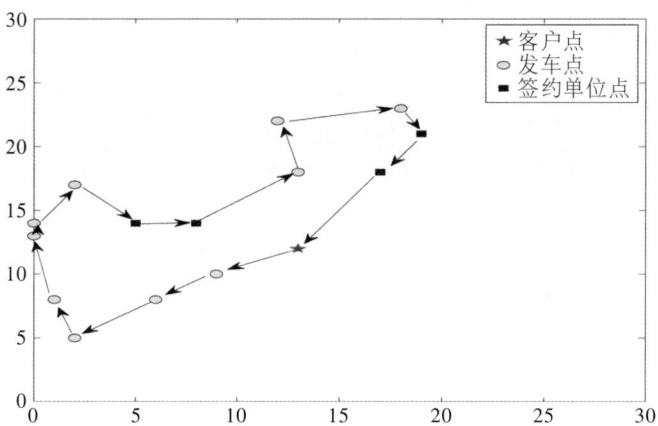

图 5-16　车次 14 的路径示意图

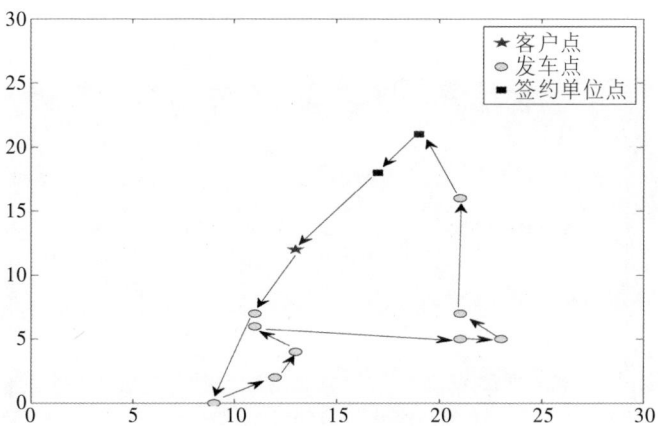

图 5-17　车次 15 的路径示意图

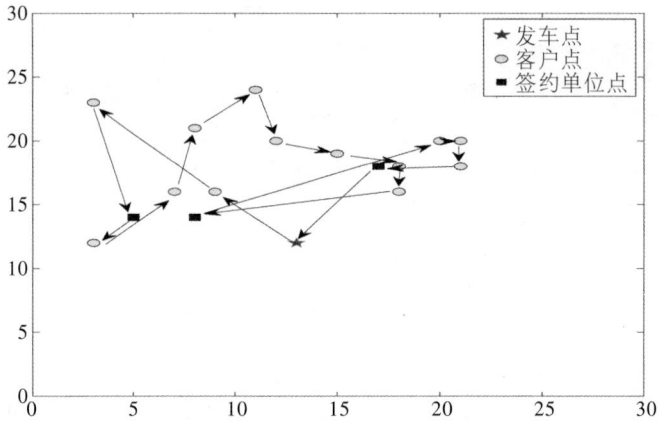

图 5-18　车次 16 的路径示意图

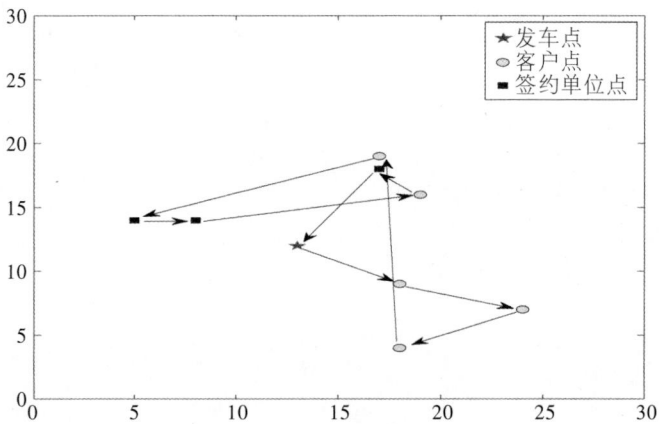

图 5-19　车次 17 的路径示意图

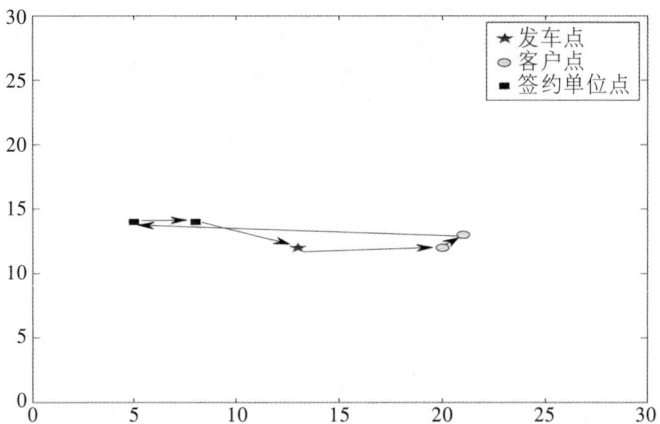

图 5-20　车次 18 的路径示意图

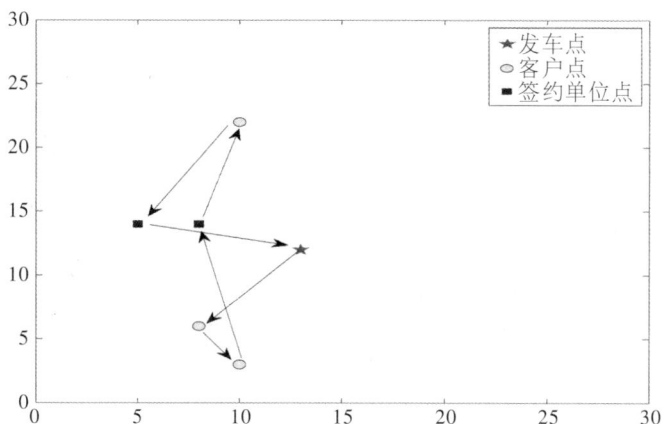

图 5-21　车次 19 的路径示意图

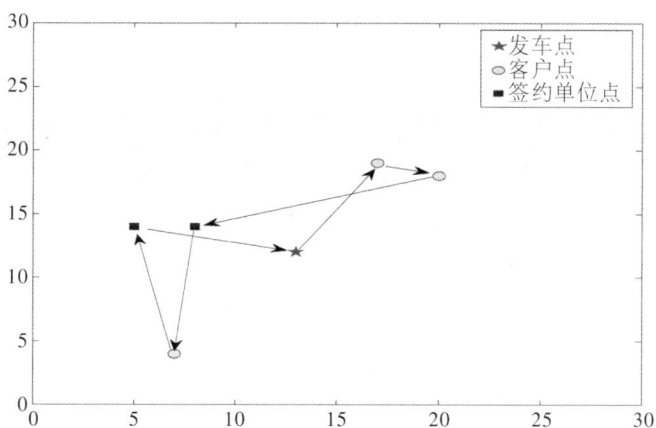

图 5-22　车次 20 的路径示意图

从表 5-6 中各车次的路径与调度可以看到，本书设计的模式与算法符合集中通勤模式下车次分配与调度问题的特征事实。具体而言，所得路径与调度计划：（1）具有多个签约单位点的特征事实。例如，车次 1 到达过的签约单位点为 211、212、213、214，车次 2 到达过的签约单位点为 212、213、215。可见，车辆具有多个签约单位点且事前无法确定，这是集中通勤车次分配与调度问题不同于传统 VRSP 问题的特征之一。（2）通过多车协作的方式来完成对签约单位的顾客的接送服务。例如，签约单位点 214 的客户点是由车辆 1、4、7、9、11、12、13、14、15 共 9 个车辆一同协作完成接送服务，签约单位点 215 的客户点是由车辆 2、3、5、7、8、10、13、14、16、17、18、19、20 共 13 个车辆一同协作完成接送服务；（3）具有多行程的特征事实，即完成一个签约单位的接送服务后，不返回发车点，而是继续进行接送服务。例如，当车次2到达签约单位点213后，继续对签约单位点215和212的顾客进行接送服务，车次12到达签约单位点214后，此时车上还有客户点82、116、106、73的顾客，需要继续进行接送服务。以上的特征事实是集中通勤车次分配与调度问题相较于传统的车次分配与调度问题的不同之处，也是其复杂性的集中体现。

5.5 结论

本章针对集中通勤接送服务中的车次分配与调度问题建立了最小化成本模型，并将顾客的满意度作为模型约束条件引入模型。依据该问题自身特点及特征事实，提出了一种基于kNN思想的类标签启发式算法对问题进行求解。决策者可以通过调节模型与算法中的参数α值获得不同顾客满意度下的最小成本及对应的车次分配与调度计划，在很大程度上满足了决策者在不同视角下的需求。

在实证研究中，数值结果说明了本章设计的模型与算法的有效性与可行性。根据实验结果本书发现：（1）计算获得的车次分配与调度计划符合集中通勤模式下车次分配与调度问题的特征事实；（2）相比于其他车次，个别车次服务的顾客数量较少，例如车次18，目前此问题可以通过调整该车次的车型（核定载客人数）来解决。但更理想的方式是通过调整相关车次的发车时间或车型来取消该车次，这是今后要努力解决的问题之一。（3）有些车次的回程效率不高，车辆完成本车次所有顾客的接送服务后返回发车点的行驶距离较长而此时车上是没有顾客的，即回程时"空跑"的距离较长。回程效率的高低主要取决于实际问题中签约单位点与发车点的位置关系，建议通勤汽车服务公司对回程效率不高的车辆再安排一些恰当的其他任务，提高运行效率。

本章研究了考虑顾客满意度的集中通勤接送服务车次分配与调度问题，设计开发了一种基于kNN思想的类标签启发式算法求解模型，有较好的理论参考价值和广泛的实际应用价值。用科学决策的理论和方法来解决管理者在实际中遇到的问题，帮助管理者提高管理效率和效益。以智能管理来解决烦琐而复杂的问题，提高了决策质量，减少了决策时间，增强了决策的灵活性和应变能力。

6 总结与展望

本章主要介绍本书的研究结论，以及主要的理论贡献和实际意义。此外，本章还规划了未来的研究方向。

6.1 工作总结

本书在学术界已经取得的相关研究成果的基础上，以通勤汽车服务公司实施的集中通勤接送服务实际运作过程为背景，运用系统工程理论方法，考虑集中通勤接送服务的特点，对集中通勤接送服务中的车次分配与调度问题开展了深入研究。

首先，在查阅文献和调研的基础上对运输和物流配送领域的车辆路径问题进行专题论述，分别从经典问题、数学模型、常见求解策略与方法、问题拓展形态和求解方法的角度，对当前国内外优秀文献进行分析和综述。介绍了集中通勤接送服务的基本流程及车次分配与调度问题的特点、复杂性和亟待解决的关键优化问题。

然后，根据集中通勤接送服务中参与服务的车辆具有多签约单位点、多车协作、多行程车次等特点，针对车次分配与调度问题建立了以最小化运行成本为目标的 0-1 整数规划模型。根据问题的复杂性和大规模性，设计了一种嵌套启发式算法求解模型，拓展了经典构造路径的方法。通过计算实验和分析，说明了模型和算法的有效性和可行性，揭示了其管理意义：刻画了该问题所具有的多签约单位点、多车协作、多行程车次等特点；特征点的引入使得节约算法可以应用到集中通勤接送服务中的车次分配与调度问题中去，利用遗传算法对两个关键节点的搜索节约了 80 千米，有效地降低了运输成本；算例计算用时 16 分 07 秒，满足中等规模集中通勤接送服务的实时性要求；个别车次的回程效率不高，绕行距离较长，可对回程效率不高的车辆再安排一些恰当的其他任务，提高运行效率。

进一步考虑顾客满意度对运行成本的影响，建立了给定顾客满意度下以最小化成本为目标的车次分配与调度问题的 0-1 整数规划模型。模型体现了该问题所具有的特点和特征事实，同时考虑顾客满意度，获得不同满意度下的近似最小成本。根据问题特点和复杂性，设计开发了一种基于 kNN 思想的启发式算法——类标签算法求解模型。决策者可以通过调节模型与算法中的参数值来获得不同顾客满意度下的最小成本及对应的车次分配与调度计划，在很大程度上满足了决策者在不同视角下的需求，并通过计算实验说明本书设计的模型和算法具有可行性和有效性。

本书提出的优化模型和算法不仅具有较好的理论参考价值，更重要的是其还具有很好的实际应用价值。模型从科学的角度和方法出发，解决了实际决策中的困难，辅助决策者从不同的角度进行决策，提高管理效率和效益，通过智能管理来解决烦琐而复杂的问题，提高了决策质量，减少了决策时间，增强了决策的灵活性和应变能力。最主要的是，通过这些模型和算法，有利于实现集中通勤接送服务在保证高质量服务同时降低运行成本的目标。

6.2　未来研究内容

虽然研究取得了一些进展，但仍存在许多不足之处，还有很多工作要做。希望未来可以在这个领域和相似问题上继续投入更多的研究力量，将研究坚持进行下去。本人将继续遵循"问题导向、目标导向、结果导向"的原则，把研究成果应用到企业实践中，力图取得更好的进展和应用成果。未来研究内容主要包括：

（1）允许客户点分离运输的模型和启发式算法

在实际问题中，某些客户点的人数较多，可能出现车辆的剩余容量小于客户点人数的情况，此时需要多车协作来完成该客户点的接送服务。可以放宽约束条件，建立针对集中通勤接送服务中允许客户点分离运输的车次分配与调度问题的0-1整数规划模型，并设计相应的启发式算法求解模型。

（2）考虑碳排放量的模型和启发式算法

在碳排放政策的影响下，通过路径优化与调度实现系统的节能减排已经成为管理者一个优化控制的目标。可建立针对集中通勤接送服务中以最小碳排放量为目标的车次分配与调度问题的0-1整数规划模型，并设计相应的启发式算法求解模型。

（3）模糊优化模型和启发式算法

集中通勤接送服务中涉及了人文约束、性能约束、经济约束、环境约束等众多指标，这些目标函数或约束条件中包含了大量的模糊信息。例如，顾客到达目的地绕行时间大约不能超过1小时、服务周期内总的碳排放量大约不能超过300千克等。因此，可建立针对集中通勤接送服务中以最小碳排放量为目标的车次分配与调度问题的模糊优化模型。构造模糊目标和约束的隶属度函数，并设计相应的启发式算法求解模型。

（4）开发集中通勤接送服务智能管理系统

系统的设计与开发主要包含以下5个方面的工作：

①系统集成：将移动互联网、GIS、GPS、物联网、人工智能、大数据等技术同系统核心技术模块集成在一起，实现客户和车辆信息的自动采集、传输、处理，为系统制定运输计划提供基本的数据来源。

②系统模型库的建立。建立基于不同视角的模型，使管理者可以根据实际需要，从不同的侧重点进行决策，以提高决策的灵活性和应变能力。

③系统算法库的建立。由于 VRSP 属于 NP-hard 问题，对于本书问题的计算和求解就变得更加复杂和困难，因此，需要针对不同规模的问题，设计开发不同的启发式算法，以保证算法的实时性、有效性和可行性。在制订计划时，可以选择不同模型和算法，以根据不同情况下的需要，来制订不同的运输计划。

④系统模型库和算法库的维护和补充。周密的运输计划要得以顺利实施，需要有强大的模型库和算法库支持，它的构建和维护直接影响着系统的效率。模型库和算法库可以因时因地因情况不断地扩充，为用户提供更多的选择方案，使系统更加完善、功能更加强大。

⑤建立一套集中通勤接送服务的质量可追踪体系。系统可以记录车辆行驶过程中的关键指标，顾客、司机和管理人员的反馈意见，根据反馈信息进行整改管理；系统可以对行驶车辆进行实时监测、保证运输安全。通过智能管理系统提高服务质量、降低运行成本、保护城市环境，帮助通勤汽车服务公司、物流公司步入智能管理的新时代。

参考文献

[1] 鲍宇，唐加福，刘黎黎. 面向接送机场服务最小化车次数的聚类算法 [J]. 计算机集成制造系统，2011，17（2）：442-447.

[2] 边展，徐奇，靳志宏. 带时间窗的甩挂运输路径优化问题研究 [J]. 交通运输系统工程与信息，2018，18（2）：183-193；207.

[3] 边展，张倩，徐奇，等. 带时间窗取送货问题的混合算法 [J]. 运筹与管理，2020，29（2）：97-107.

[4] 曹夏夏，唐加福，刘黎黎. 基于集划分的精确算法求解机场接送车辆调度问题 [J]. 系统工程理论与实践，2013，33（7）：1682-1689.

[5] 丁秋雷，胡祥培，姜洋，等. 快件配送地址变化的干扰管理模型研究 [J]. 运筹与管理，2017，26（12）：46-52.

[6] 葛显龙，王旭，邢乐斌. 动态需求的多车型车辆调度问题及云遗传算法 [J]. 系统工程学报，2012，27（6）：823-832.

[7] 葛显龙，许茂增，王伟鑫. 多车型车辆路径问题的量子遗传算法研究 [J]. 中国管理科学，2013，21（1）：125-133.

[8] 郝勇，朱倩，张海婷，等. 物流配送问题的研究文献统计与综述 [J]. 物流科技，2010，33（6）：1-3.

[9] 何万里. 集中通勤接送服务的车辆路径与调度模型及算法 [J]. 青岛大学学报（自然科学版），2018，31（2）：94-101.

［10］ 黄敏芳，胡祥培，王征，等．车辆路径问题的三阶段求解方法研究［J］．
管理科学，2009，22（3）：37-46．

［11］ 靳志宏，于波，侯丽晓．基于配载约束的配送优化问题及其求解算法［J］．
系统工程学报，2012，27（3）：390-398．

［12］ 孔媛，唐加福，董纲，等．插入算法求接送顾客到机场的车辆调度问题
［J］．控制理论与应用，2009，26（1）：92-96．

［13］ 孔媛，唐加福，牟立峰，等．航空票务公司免费接送服务中的车次调度模
型及算法［J］．管理工程学报，2010，24（3）：156-160．

［14］ 孔媛，唐加福，潘震东，等．基于集划分求解接送旅客到机场问题的启发
式算法［J］．东北大学学报（自然科学版），2009，30（5）：625-
627；660．

［15］ 孔媛．航空票务公司免费机场接送服务中基于最小化成本的车次分配与调
度方法研究［D］．沈阳：东北大学，2010．

［16］ 赖平仲，汤洋，杨珍花，等．考虑城市货运车辆交通管制的配送优化［J］．
大连海事大学学报，2015，41（4）：59-66．

［17］ 兰辉，何琴飞，边展，等．考虑道路通行状况的冷链物流配送路径优化
［J］．大连海事大学学报，2015，41（4）：67-74．

［18］ 李妍峰，李军，高自友．动态规划启发式算法求解时变车辆调度问题［J］．
系统工程理论与实践，2012，32（8）：1712-1718．

［19］ 李义华．基于多智能体的物流配送车辆调度决策方法研究［D］．长沙：中
南大学，2012．

［20］ 林鑫，邵乾虔，杨珍花，等．基于实际路网情境的配送车辆调度优化［J］．
运筹与管理，2019，28（3）：13-23．

［21］ 罗鸿斌．多场多车型车辆调度问题的改进粒子群算法［J］．计算机工程
与应用，2014，50（7）：251-253．

［22］ 马冬青，王蔚．基于改进粒子群算法的物流配送车辆调度［J］．计算机工
程与应用，2014，50（11）：246-250；270．

［23］ 穆礼彬．智能公交系统背景下的公交调度优化研究［D］．成都：西南交通
大学，2013．

［24］ 濮阳，宫婧，李德辰，等．浅谈蚁群算法在路径规划问题中的应用［J］．
物流工程与管理，2021，43（7）：43-45；26．

［25］ 邱丰，李文权，沈金星．可变线路式公交的两阶段车辆调度模型［J］．东
南大学学报（自然科学版），2014，44（5）：1078-1084．

［26］ 饶卫振．大规模动态车辆路径问题优化方法研究［D］．大连：大连理工大
学，2012．

[27] 施朝春，王旭，葛显龙. 带有时间窗的多配送中心车辆调度问题研究 [J]. 计算机工程与应用，2009，45 (34)：21-24.

[28] 石彪，池宏，祁明亮，等. 应急物资运输的两阶段车辆调度模型 [J]. 系统工程，2012，30 (7)：105-111.

[29] 宋伟刚，张宏霞，佟玲. 有时间窗约束非满载车辆调度问题的遗传算法 [J]. 系统仿真学报，2005 (11)：24-28.

[30] 孙丽君，石海洋，胡祥培. 考虑司机工作量均衡的成品油配送优化 [J]. 系统工程理论与实践，2018，38 (3)：677-686.

[31] 唐加福，董纲，潘震东，等. 免费接送机场服务的多目标规划模型及算法 [J]. 管理科学学报，2008，11 (6)：35-42.

[32] 唐亮，何杰，靖可，等. 时间窗口约束下基于改进蚁群算法的协同制造调度研究 [J]. 中国管理科学，2018，26 (4)：97-107.

[33] 唐亮，焦鹏，李纪康，等. 带恢复策略的复杂网络级联失效机理及鲁棒性研究 [J]. 控制与决策，2018，33 (10)：1841-1850.

[34] 王芳，饶德坤，游静，等. 基于改进蚁群算法的带硬时间窗的接送机场服务路径优化研究 [J]. 系统科学与数学，2019，39 (1)：76-89.

[35] 王君，李波，卢志刚. 带时间窗动态车辆路径问题的优化调度策略 [J]. 计算机工程，2012，38 (13)：137-141.

[36] 王茜，吉清凯，胡祥培. 多车型多车槽VRP的混合导引反应式禁忌搜索算法 [J]. 管理工程学报，2016，30 (3)：179-187.

[37] 王新玉，唐加福，邵帅. 多车场带货物权重车辆路径问题邻域搜索算法 [J]. 系统工程学报，2020，35 (6)：806-815.

[38] 王旭坪，张凯，胡祥培. 基于模糊时间窗的车辆调度问题研究 [J]. 管理工程学报，2011，25 (3)：148-154.

[39] 王训斌，陆慧娟，张火明. 物流动态车辆调度问题的混合禁忌搜索算法 [J]. 计算机工程与应用，2010，46 (8)：228-231.

[40] 王征，胡祥培，王旭坪. 行驶时间延迟下配送车辆调度的干扰管理模型与算法 [J]. 系统工程理论与实践，2013，33 (2)：378-387.

[41] 谢秉磊，李军，郭耀煌. 有时间窗的非满载车辆调度问题的遗传算法 [J]. 系统工程学报，2000 (3)：290-294.

[42] 许茂增，余国印，周翔，等. 综合成本最小的低碳车辆调度问题及算法 [J]. 计算机集成制造系统，2015，21 (7)：1906-1914.

[43] 许争争，唐加福. 基于客户点协作的车辆路径问题的两阶段算法 [J]. 工业工程与管理，2014，19 (3)：1-7；25.

[44] 许争争，唐加福. 基于交汇点协作的车辆调度问题的两阶段算法 [J]. 系

统工程学报，2013，28（5）：573-580.

[45] 许争争，唐加福. 基于协作的三阶段启发式算法求解多行程车辆行程问题
[J]. 南开大学学报（自然科学版），2015，48（5）：51-59.

[46] 许争争，于洋，唐加福. 多车型条件下机场接送服务的协作调度优化[J].
东北大学学报（自然科学版），2014，35（8）：1093-1096.

[47] 杨浩雄，胡静，何明珂. 配送中多车场多任务多车型车辆调度研究[J].
计算机工程与应用，2013，49（10）：243-246.

[48] 杨培颖，唐加福，于洋，等. 面向最小碳排放量的接送机场服务的车辆路
径与调度[J]. 自动化学报，2013，39（4）：424-432.

[49] 杨培颖，唐加福，于洋. 低碳型机场接送服务的改进二维扫描算法[J].
东北大学学报（自然科学版），2013，34（4）：478-481.

[50] 杨培颖，唐加福，于洋. 接送机场服务中车辆路径与调度模型的比较分析
[J]. 系统工程学报，2013，28（4）：529-542.

[51] 杨培颖. 机场接送服务中基于碳排放最少化的车辆路径与调度方法[D].
沈阳：东北大学，2013.

[52] 杨燕霞，伍岳庆，姚宇，等. 带时间窗车辆调度问题的启发式算法研究与
应用[J]. 计算机应用，2013，33（S1）：59-61.

[53] 殷脂，叶春明. 多配送中心物流配送车辆调度问题的分层算法模型[J].
系统管理学报，2014，23（4）：602-606.

[54] 袁福龙，朱建平. 基于改进蚁群算法的移动机器人最优路径规划[J]. 现
代制造工程，2021（7）：38-47；65.

[55] 张建国，吴婷，蒋阳升. 基于蚁群算法的公共自行车系统调度算法研究
[J]. 西华大学学报（自然科学版），2014，33（3）：70-76.

[56] 张婷，赖平仲，何琴飞，等. 基于实时信息的城市配送车辆动态路径优化
[J]. 系统工程，2015，33（7）：58-64.

[57] 钟石泉，杜纲，贺国光. 有顾客时间窗和发货量变化的紧急车辆调度研究
[J]. 管理工程学报，2007（4）：114-118.

[58] 钟石泉，贺国光. 多车场有时间窗的多车型车辆调度及其禁忌算法研究
[J]. 运筹学学报，2005（4）：67-73.

[59] 周航，陈学武. 集时空聚类和指标筛选的公共交通通勤者识别[J]. 交通
运输工程信息学报，2021（20）：89-92.

[60] 周艳聪，孙晓晨，余伟翔. 基于改进遗传算法的物流配送路径优化研究
[J]. 计算机工程与科学，2012，34（10）：118-122.

[61] 何万里. 期权定价模型构建与参数估计研究[D]. 大连：东北财经大学，
2019.

[62] 庞燕，罗华丽，邢立宁，等. 车辆路径优化问题及求解方法研究综述 [J]. 控制理论与应用，2019，36（10）：1573-1584.

[63] FABIAN T, MICHEL G, WALTER R. Vehicle routing with stochastic supply of crowd vehicles and time windows [J]. Transportation Science, 2021, 56 (3):

[64] PARASKEVI Z, CHRISTOS D, DIMITRIOS P, et al. The vehicle routing problem with fuzzy payloads considering fuel consumption [J]. Applied Artificial Intelligence, 2021, 35 (15): 1755-1776.

[65] REN T, XU H, JIN K, et al. Optimisation of takeaway delivery routes considering the mutual satisfactions of merchants and customers [J]. Computers Industrial Engineering, 2021 (162).

[66] JINGWEN L, YINING M, RUIZE G, et al. Deep reinforcement learning for solving the heterogeneous capacitated vehicle routing problem. [J]. IEEE Transactions on Cybernetics, 2021, 52 (12).

[67] LEANDRO C D M, RAFAEL D T, JULIANA C, et al. Electric vehicle routing, arc routing, and team orienteering problems in sustainable transportation [J]. Energies, 2021, 14 (16): 5131.

[68] MUNJEONG K, CHUNGMOK L. An exact algorithm for heterogeneous drone-truck routing problem [J]. Transportation Science, 2021, 55 (5)..

[69] XIANYUN X, WEIZHI L, YU Z, et al. A discrete spider monkey optimization for the vehicle routing problem with stochastic demands [J]. Applied Soft Computing Journal, 2021 (111).

[70] SAEED K, MARAL S, IRAJ M, et al. A model for the time dependent vehicle routing problem with time windows under traffic conditions with intelligent travel times [J]. RAIRO-Operations Research, 2021, 55 (4): 2203-2222.

[71] KOHAR A, JAKHAR K S. A capacitated multi pickup online food delivery problem with time windows: a branch-and-cut algorithm [J]. Annals of Operations Research, 2021 (prepublish): 1-22.

[72] WEI Q, ZILONG Z, ZIZHAO H, et al. A novel reinforcement learning-based hyper-heuristic for heterogeneous vehicle routing problem [J]. Computers Industrial Engineering, 2021 (156).

[73] ROBERT G, ALICJA D. Estimating time spent at the waste collection point by a garbage truck with a multiple regression model [J].

Sustainability, 2021, 13 (8): 4272.

[74] KUSUMA S D, MARSETIYA D U. A new hybrid whale optimization algorithm for green vehicle routing problem [J]. Systems Science Control Engineering, 2020, 9 (1): 61-72.

[75] FLORIAN A, KENNETH S. A progressive filtering heuristic for the location-routing problem and variants [J]. Computers Operations Research, 2020 (prepublish): 105-166.

[76] ZHANG W, CHEN Z, ZHANG S, et al. Composite multi-objective optimization on a new collaborative vehicle routing problem with shared carriers and depots [J]. Journal of Cleaner Production, 2020 (274).

[77] ANONYMOUS. A survey on environmentally friendly vehicle routing problem and a proposal of its classification [J]. Sustainability, 2020, 12 (21): 9079.

[78] WAN Q, JIN X, GUO Y, et al. New Seco-DSP derivatives as potent chemosensitizers [J]. European Journal of Medicinal Chemistry, 2020, 204 (0): 112555.

[79] TIPALUCK K, WASAKORN L. Heuristic route adjustment for balanced working time in urban logistics with driver experience and time-dependent traffic information [J]. Applied Sciences, 2020, 10 (20): 7156.

[80] CORTES D J, SUZUKI Y. Vehicle routing with shipment consolidation [J]. International Journal of Production Economics, 2020, 227 (C): 107622.

[81] TUULI N, ANNEMARIA L, TIINA S. Effects of sixteen month voice training of student actors applying the linklater voice method. [J]. Journal of Voice: Official Journal of the Voice Foundation, 2020, 36 (5): 733.e9-733.e21.

[82] CUTCHIN M G, PLEXICO L W, WEAVER A J, et al. Data collection methods for the voice range profile: a systematic review. [J]. American Journal of Speech-language Pathology, 2020, 29 (3): 1716-1734.

[83] MARIE-LOUISE F, PHILIPP M, JULIUS R, et al. Gender-specific reference ranges of the vocal extent measure in young and healthy adults. [J]. Logopedics, Phoniatrics, Vocology, 2020, 45 (2): 73-81.

[84] GANSTERER M, KLUG V. Didactic visualization of routing problems [J]. Education Sciences, 2020, 10 (6).

[85] GAUR R D, Mudgal A, SINGH R R. Improved approximation algorithms for cumulative VRP with stochastic demands [J]. Discrete Applied Mathematics, 2020, 280 (prepublish): 133-143.

[86] POONTHALIR G, NADARAJAN R, KUMAR S M. Hierarchical optimization of green routing for mobile advertisement vehicle [J]. Journal of Cleaner Production, 2020, 258 (prepublish): 120661.

[87] SILVA M, POSS M, MACULAN N. Solution algorithms for minimizing the total tardiness with budgeted processing time uncertainty [J]. European Journal of Operational Research, 2020, 283 (1): 70-82.

[88] SABO C, POP C P, HORVAT-MARC A. On the Selective vehicle routing problem [J]. Mathematics, 2020, 8 (5): 771.

[89] ZHANG W, GAJPAL Y, APPADOO S S, et al. Multi-depot green vehicle routing problem to minimize carbon emissions [J]. Sustainability, 2020, 12 (8): 3500.

[90] KOBAYASHI M K. Online interval scheduling to maximize total satisfaction [J]. Theoretical Computer Science, 2020, 806673-806688.

[91] YUN J. A re-examination of the predictability of stock returns and cash flows via the decomposition of VIX [J]. Economics Letters, 2020, 186 (C): 108755.

[92] YANG Z, GUO L, YANG Z. Emergency logistics for wildfire suppression based on forecasted disaster evolution [J]. Annals of Operations Research, 2019, 283 (SI): 917-937.

[93] POONTHALIR G, NADARAJAN R. Green vehicle routing problem with queues [J]. Expert Systems with Applications, 2019, 138112823.

[94] LI J, HAN Y, DUAN P, et al. Meta-heuristic algorithm for solving vehicle routing problems with time windows and synchronized visit constraints in prefabricated systems [J]. Journal of Cleaner Production, 2019, 250 (C): 119464.

[95] BRUGLIERI M, MANCINA S, PISACANE O. The green vehicle routing problem with capacitated alternative fuel stations [J]. Computers and Operations Research, 2019, 112104759.

[96] CASTANEDA L F J, TORO E M, GALLEGO R R A. Iterated local search for the vehicle routing problem with a private fleet and a common

carrier [J]. Engineering Optimization, 2019, 52 (10): 1-18.

[97] GONGGUO X, GANLIN S, XIUSHENG D. Non-myopic scheduling method of mobile sensors for manoeuvring target tracking [J]. IET Radar, Sonar Navigation, 2019, 13 (11): 1899-1908.

[98] ZUO X, XIAO Y, YOU M, et al. A new formulation of the electric vehicle routing problem with time windows considering concave nonlinear charging function [J]. Journal of Cleaner Production, 2019, 236117687.

[99] MOONS S, BRAEKERS K, RAMAEKERS K, et al. The value of integrating order picking and vehicle routing decisions in a B2C e-commerce environment [J]. International Journal of Production Research, 2019, 57 (20): 6405-6423.

[100] RABBOUCH B, SAADAOUI F, MRAIHI R. Efficient implementation of the genetic algorithm to solve rich vehicle routing problems [J]. Operational Research, 2019, 21 (3): 1-29.

[101] PEDRO L M, REINALDO M, Deisemara F. Mixed integer formulations for a coupled lot-scheduling and vehicle routing problem in furniture settings [J]. INFOR: Information Systems and Operational Research, 2019, 57 (4): 563-596.

[102] HOMERO L, Leandro C C, CLAUDIA A, et al. Exact solution methods for the multi-period vehicle routing problem with due dates [J]. Computers Operations Research, 2019, 110148-110158.

[103] MATL P, HARTL F R, VIDAL T. Leveraging single-objective heuristics to solve bi-objective problems: Heuristic box splitting and its application to vehicle routing [J]. Networks, 2019, 73 (4): 382-400.

[104] LOUATI A, SON H L, CHABCHOUB H. Smart routing for municipal solid waste collection: a heuristic approach [J]. Journal of Ambient Intelligence and Humanized Computing, 2019, 10 (5): 1865-1884.

[105] HANUM F, HADI R M, AMAN A, et al. Vehicle routing problems in rice-for-the-poor distribution [J]. Decision Science Letters, 2019, 8 (3): 323-338.

[106] BRUGLIERI M, MANCINIS, PEZZELLA F, et al. A Path-based solution approach for the green vehicle routing problem [J]. Computers and Operations Research, 2019, 103109-103122.

[107] T R S. A performance evaluation of GA algorithm to solve a VRP

problem with excess loads for a FMCG company [J]. AIP Conference Proceedings, 2019, 2080 (1): 050006.

[108] HOSNA, ULL A, AHMAD, et al. A two-step local search enhancement with the novel solution representation for solving capacitated vehicle routing problems [J]. Advanced Science Letters, 2019, 25 (1): 95-99 (5).

[109] LU D, GZARA F. The robust vehicle routing problem with time windows: solution by branch and price and cut [J]. European Journal of Operational Research, 2018, 275 (3): 925-938.

[110] IRANNEZHAD E, PRATO G C, HICKMAN M. The effect of cooperation among shipping lines on transport costs and pollutant emissions [J]. Transportation Research Part D, 2018, 65312-65323.

[111] AHMADI-JAVID A, AMIRI E, MESKAR M. A profit-maximization location-routing-pricing problem: a branch-and-price algorithm [J]. European Journal of Operational Research, 2018, 271 (3): 866-881.

[112] SAVITRI H, KURNIAWATI A D. Sweep algorithm and mixed integer linear program for vehicle routing problem with time windows [J]. Journal of Advanced Manufacturing Systems, 2018, 17 (4): 505-513.

[113] GUTIERREZ A, DIEULLE L, LABADIE N, et al. A multi-population algorithm to solve the VRP with stochastic service and travel times [J]. Computers Industrial Engineering, 2018, 125144-125156.

[114] ROSSIT G D, VIGO D, TOHME F, et al. Visual attractiveness in routing problems: a review [J]. Computers and Operations Research, 2018, 10313-10334.

[115] BRANDSTATTER C, REIMANN M. The Line-haul feeder vehicle routing problem: mathematical model formulation and heuristic approaches [J]. European Journal of Operational Research, 2018, 270 (1): 157-170.

[116] FUKASAWA R, HE Q, SANTOS F, et al. A joint vehicle routing and speed optimization problem [J]. INFORMS Journal on Computing, 2018, 30 (4): 694-709.

[117] ROOZBEH I, OZLEN M, HEARNE W J. An adaptive large neighbourhood search for asset protection during escaped wildfires [J]. Computers and Operations Research, 2018, 97125-97134.

[118] NACCACHE S, COTE J, COELHO C L. The multi-pickup and delivery

problem with time windows [J]. European Journal of Operational Research, 2018, 269 (1): 353-362.

[119] DAWID R, MCMILLAN D, REVIE M. Decision support tool for offshore wind farm vessel routing under uncertainty [J]. Energies, 2018, 11 (9).

[120] ZOU X, LIU L, LI K, et al. A coordinated algorithm for integrated production scheduling and vehicle routing problem [J]. International Journal of Production Research, 2018, 56 (15): 5005-5024.

[121] CHABOT T, COELHO C L, RENAUD J, et al. Mathematical model, heuristics and exact method for order picking in narrow aisles [J]. Journal of the Operational Research Society, 2018, 69 (8): 1242-1253.

[122] KAEWMAN S. Modified differential evolution algorithm solving the special case of location routing problem [J]. Mathematical and Computational Applications, 2018, 23 (3): 34.

[123] HAM M A. Integrated scheduling of m-truck, m-drone, and m-depot constrained by time-window, drop-pickup, and m-visit using constraint programming [J]. Transportation Research Part C, 2018, 911-914.

[124] HU Z, WEI C. Synchronizing vehicles for multi-vehicle and one-cargo transportation [J]. Computers Industrial Engineering, 2018, 11936-11949.

[125] SHI J, ZHANG J, WANG K, et al. Particle swarm optimization for split delivery vehicle routing problem [J]. Asia-Pacific Journal of Operational Research, 2018, 35 (2).

[126] QING W, TONI M. Optimising the delivery and pick-up routes for packed water bottles [J]. Advances in Transdisciplinary Engineering, 2018, 8441-8446.

[127] PHAM A T, HA H M, NGUYEN H X. Solving the multi-vehicle multi-covering tour problem [J]. Computers and Operations Research, 2017, 88258-88278.

[128] TICHA B H, ABSI N, FEILLET D, et al. Empirical analysis for the VRPTW with a multigraph representation for the road network [J]. Computers and Operations Research, 2017, 88103-88116.

[129] TONG L, ZHOU L, LIU J, et al. Customized bus service design for

jointly optimizing passenger-to-vehicle assignment and vehicle routing [J]. Transportation Research Part C, 2017, 85451-85475.

[130] JABIR E, PANICKER V V, SRIDHARAN R. Design and development of a hybrid ant colony-variable neighbourhood search algorithm for a multi-depot green vehicle routing problem [J]. Transportation Research Part D, 2017, 57422-57457.

[131] MARDANEH E, LIN Q, LOXTON R, et al. Cargo scheduling decision support for offshore oil and gas production: a case study [J]. Optimization and Engineering, 2017, 18 (4): 991-1008.

[132] ZENKEVICH A N, ZYATCHIN V A. Strong coalitional equilibrium in a transportation game [J]. Automation and Remote Control, 2017, 78 (10): 1909-1919.

[133] FRANCESCHETTI A, JABALI O, LAPORTE G. Continuous approximation models in freight distribution management [J]. TOP, 2017, 25 (3): 413-433.

[134] Gharib Z. A cluster-based emergency vehicle routing problem in disaster with reliability [J]. Scientia Iranica, 2018, 25 (4) .

[135] LEGGIERI V, HAOUARI M. A practical solution approach for the green vehicle routing problem [J]. Transportation Research Part E, 2017, 10497-104112.

[136] CHAND P, MOHANTY J. Environmental multi objective uncertain transport trail model using variant of predator prey evolutionary strategy [J]. International Journal of Applied Decision Sciences, 2015, 8 (1): 21-51.

[137] SAKHALA K N, JHA J. Developing decision support system for heterogeneous fleet vehicle routing problem using hybrid heuristic [J]. International Journal of Logistics Systems and Management, 2017, 26 (2): 253-276.

[138] ESHTEHADI R, FATHIAN M, Demir E. Robust solutions to the pollution-routing problem with demand and travel time uncertainty [J]. Transportation Research Part D, 2017, 51351-51363.

[139] YU C, REN C, BAI X, et al. VRP-GMRES (m) iteration algorithm for fast multipole boundary element method [J]. Mathematical and Computational Applications, 2016, 21 (4): 49.

[140] PAPANTONIS I. Volatility risk premium implications of GARCH option

pricing models [J]. Economic Modelling, 2016, 58104-58115.

[141] MAO X, ZHANG X, LI Z. Full load distribution scheduling problem for refined oil [J]. Science Journal of Applied Mathematics and Statistics, 2019, 4 (5): 183.

[142] MASSIMILIANO C, EDUARDO R, DE S P M. Volatility Jumps and their economic determinants [J]. Journal of Financial Econometrics, 2016, 14 (1): 29-80.

[143] SULISTIONO S, MUSSAFI M S N. Rancang bangun vehicle routing problem menggunakan algoritma tabu search [J]. Jurnal Fourier, 2015, 4 (2): 113-122.

[144] LINGXIA L, XUEXIA G, QIANG S. Research of VRP model with semi-soft time window constraints [J]. The Open Cybernetics Systemics Journal, 2015, 9 (1): 1083-1087.

[145] DHARMESH S, TIANYAN S, KAI P, et al. The VrrA sRNA controls a stationary phase survival factor Vrp of Vibrio cholerae. [J]. RNA Biology, 2015, 12 (2): 186-196.

[146] BERTAZZI L, GOLDEN B, WANG X. Min - max vs. min - sum vehicle routing: a worst-case analysis [J]. European Journal of Operational Research, 2015, 240 (2): 372-381.

索引